성모님과 예수님을
내 마음에 모시는 은총

묵주
기도

Healing through the Rosary by Fr. Robert DeGrandis · Eugene Peter Koshenina
Copyright ⓒ 2003, Eugene Peter Koshenina

성모님과 예수님을 내 마음에 모시는 은총
묵주 기도

2005년 4월 13일 교회 인가
2006년 3월 31일 초판 1쇄 펴냄
2017년 10월 22일 개정 초판 1쇄 펴냄
2024년 7월 1일 개정 초판 4쇄 펴냄

지은이	로버트 데그란디스, 유진 피터 코세니나
옮긴이	황애경
펴낸이	정순택
펴낸곳	가톨릭출판사
편집 겸 인쇄인	김대영
편집	강서윤, 김소정, 김지영, 박다솜
디자인	송현철, 강해인, 이경숙, 정호진
마케팅	안효진, 황희진
본사	서울특별시 중구 중림로 27
등록	1958. 1. 16. 제2-314호
전자우편	edit@catholicbook.kr
전화	1544-1886(대표 번호)
지로번호	3000997

ISBN 978-89-321-1490-3 03230

값 12,000원

성경 ⓒ 한국천주교중앙협의회

이 책의 한국어 출판권은 (재)천주교서울대교구 가톨릭출판사에 있습니다.
저작권법에 의해 한국 내에서 보호를 받는 저작물이므로 무단 전재와 무단 복제를 금합니다.

가톨릭의 모든 도서와 성물을 '가톨릭출판사 인터넷쇼핑몰'에서 만나 보실 수 있습니다.
http://www.catholicbook.kr | (02)6365-1888(구입 문의)

성모님과 예수님을 내 마음에 모시는 은총

묵주 기도

로버트 데그란디스 · 유진 피터 코셰니나 지음
황애경 옮김

가톨릭출판사

일러두기
이 책은 개인이나 단체로 묵주 기도를 바칠 때 자유롭게 활용할 수 있습니다.
예를 들어, 이 책 환희의 신비 1단 전체를 묵상하고 기도한 뒤, 그 신비에 해당하는 묵주 기도(주님의 기도와 성모송 10번, 영광송과 구원의 기도)를 바쳐도 좋고, 묵주 기도 후에 이 책을 묵상해도 좋습니다.

목차

환희의 신비 • 9

환희의 신비에 대한 성인들의 묵상 • 35

빛의 신비 • 49

빛의 신비에 대한 성인들의 묵상 • 74

고통의 신비 • 85

고통의 신비에 대한 성인들의 묵상 • 115

영광의 신비 • 129

영광의 신비에 대한 성인들의 묵상 • 154

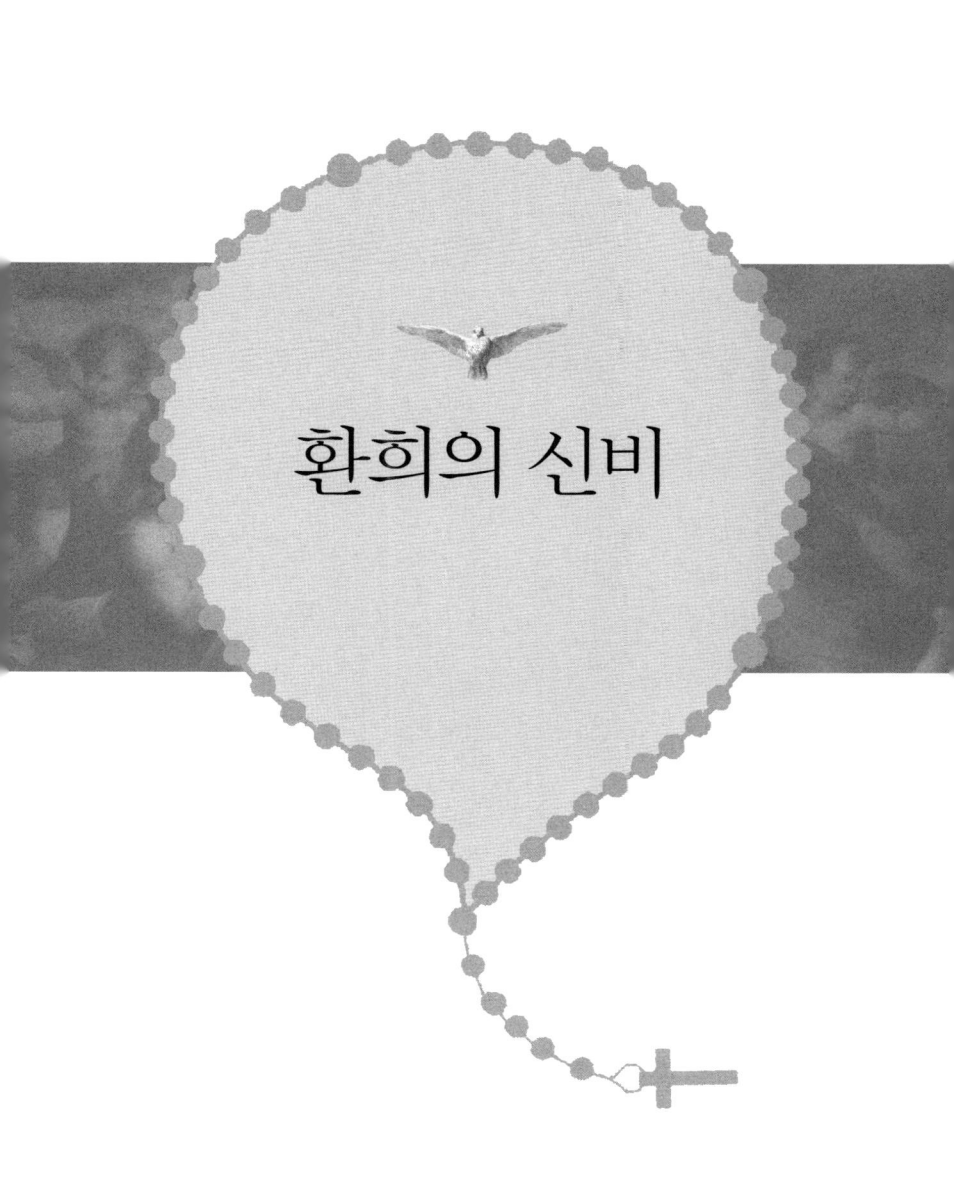

환희의 신비

환희의 신비 1단

마리아께서 예수님을 잉태하심을 묵상합시다

천사가 마리아의 집으로 들어가 말하였다. "은총이 가득한 이여, 기뻐하여라. 주님께서 너와 함께 계시다."(루카 1,28)

마리아가 성전에 있는 방에서 혼자 콧노래를 부르며 방을 쓸고 있는 모습을 상상해 보자. 마리아는 성전 외곽 지역에 살면서 청소와 요리, 바느질을 하며 지낸다. 그런데 갑자기 방 안 가득 빛이 들어오고, 방 한가운데 태양처럼 밝은 빛이 나타난다. 그 빛은 아주 밝지만 눈부시지 않아서 마리아는 그 빛을 편안하게 바라볼 수 있다. 그 빛은 마리아를 아주 다정하게 바라본다. 그리고 자신을 가브리엘 천사라고 알린다. 마리아는 깜짝 놀라지만 천사는 기쁜 소식을 전해 주겠다고 말하며 그녀를 안심시킨다. 가브리엘 천사는 다정하게 미소 지으며 주님의 은총이 마리아와 함께하고, 마리아가 주님의 사랑을 받고 있다고 말해 준다.

하늘에서 온 경외로운 방문자를 보고 잠시 어리둥절해진 마리아는 그 인사가 뭘 의미하는지 궁금해한다. '혹시 악마가 변장을 하고 나타난 것은 아닐까?' 마리아는 가브리엘 천사가 "성령께서 너에게 내려오시고 지극히 높으신 분의 힘이 너를 덮을 것이다." (루카 1,35)라고 말하는 동안, 그 상황에 대해 곰곰이 생각한다. 가브리엘 천사는 마리아가 사내아이를 낳게 될 터인데, '지극히 높으신 하느님의 아드님이라고 불릴 것'이라고 예언한다. 그리고 주 하느님이 아드님인 예수님께 선조 다윗의 왕위를 주시어 그분이 야곱의 가문을 영원히 지배할 것이며, 그분의 왕국은 끝이 없을 것이라고 말해 준다.

마리아는 이 빛이 정말 가브리엘 천사라는 것을, 그리고 그가 이사야가 예언한 메시아를 낳을 수 있는 기회를 자기에게 주고 있다는 사실을 이해하게 된다. 마리아는 인간 역사에서 가장 위대한 특권으로 부르심을 받는다. 하지만 마리아는 매우 혼란스러워한다. '어떻게 할까?' 그녀는 이미 나자렛 출신의 목수 요셉이라는 사람과 약혼한 사이였기 때문이다. '요셉에게는 뭐라고 말해야 하나?'라고 생각하며 내렸을 이 결정은 인간 역사를 바꾸고, 인류에 아주 중요한 역할을 하게 된다.

마리아는 하느님이 가장 거룩한 삶으로 이끄신다는 사실을 깨닫는다. '하느님은 무엇을 원하시는 것일까?' 마리아는 스스로에게 물으며 자신이 처한 상황에 대해 생각해 본다. 그러자 하느님을 신뢰해야 한다는 것, 하느님이 원하시는 것은 무엇이든 열심히 해야 한다는 것이 분명해진다. 그리하여 마리아는 겸손하면서도 확고하게 대답한다. "저는 주님의 종입니다. 말씀하신 대로 저에게 이루어지기를 바랍니다."(루카 1,38) 이는 전지전능하신 하느님께 드리는 "네."라는 대답이며, 아기 예수님을 낳겠다는 엄청난 약속이다. 마리아는 하느님께 속한 예수님을 자기 아들로서 사랑하고 보살피겠다고 약속한 것이다. 예수님은 하느님, 영원하신 성부의 외아드님이기 때문이다.

마리아는 갑자기 하느님의 엄청난 사랑을 느꼈는데, 이로 인해 그 빛이 가브리엘 천사라는 것과 가브리엘 천사에게서 들은 이야기가 사실이라는 것을 더욱 확신하게 된다. 마리아는 성령의 힘으로 가장 특별한 아기를 갖게 될 거라는 사실에 매우 기뻐한다. 마리아는 부모 안나와 요아킴에게서 세상에 대해, 그리고 성경과 전통에서 말하는 하느님과 메시아에 대해서 모든 것을 배웠던 것이다. 마리아는 가브리엘 천사의 방문에 대해 언젠가는 요셉에게도 말해야 한다고 생각하며, 요셉이 가브리엘 천사의 메시지를 이해하고 받아들이기를 기도한다.

마리아는 아기 예수님을 잉태하게 되었으면서도 요셉을 배우자로 맞아들여야 한다는 엄청난 상황에 요셉이 이를 이해하고 받아들일 수 있을지 걱정과 고민에 빠진다. 그녀는 요셉과 결혼하고 싶어 하지만, 남편과 아내로서가 아니라 요셉의 정결에 자신의 정결을 결합하고 싶어 한다.

✝

성모님처럼 우리도 하느님을 온전히 신뢰하도록, 거룩함과 성화의 길로 올라가도록 부르심 받았다는 사실을 알고 있는가? 오늘 하늘에 계신 아버지께 "네." 하고 응답했는가? 오늘 묵주 기도를 바치면서 각 신비에 대하여 묵상했는가? 이러한 질문에 답하면서 각 신비에 대하여 묵상할수록 예수님과 성모님, 요셉 성인과 더욱더 친밀해질 것이다.

오늘 예수님과 함께 시간을 보냈는가? 영성체를 한 후 잠시라도 예수님의 음성에 귀 기울였는가? 자신의 문제를 예수님께 말씀드리고 자신을 예수님께 의탁했는가? 이러한 시간은 예수님과 함께하는 시간이자 대화하는 시간이다. 예수님은 우리를 도와주기를 원하신다. 당장 몇 분이라도 시간을 내어 예수님께 찬미드리자. 그렇게 하면 예수님은 기뻐하실 것이고 우리는 그분께 더 가까이 나아갈 수 있게 될 것이다.

거룩해진다는 것이 어려운 일일까? 하느님 나라에 갈 수 있다는 것조차 의심하지는 않는가? 거룩함이란 최선을 다해 주 예수 그리스도와 이웃을 사랑하려고 애쓰는 것이다. 그렇게 생각하면 쉬워진다. 할 수 있는 최선을 다하자. 그것이 하느님이 바라시는 것이다. 단 한마디의 친절한 말이 이웃의 마음을 구원할 수도 있다. 알칸타라의 베드로 성인은 "인간의 눈에 아무리 작게 보이는 일도 최선을 다해 행하면 하느님 눈에는 큰일을 하는 것으로 보인다."라고 말했다. 우리는 하느님 나라라는 최고의 보상을 받을 것이다. 이 신비를 바치며 예수님께 거룩함의 은총을 청해 보자.

은총이 가득하신 마리아님, 기뻐하소서.
주님께서 함께 계시니, 여인 중에 복되시며
태중의 아들 예수님 또한 복되시나이다.
천주의 성모 마리아님,
당신께 순명하고 아드님께 경의를 표하며,
천사들과 함께 몇 번이고 이 기도를 반복하나이다.
"찬미 예수님, 이제와 항상 영원히 아멘!"

환희의 신비 2단

마리아께서 엘리사벳을 찾아보심을 묵상합시다

엘리사벳이 마리아의 인사말을 들을 때 그의 태 안에서 아기가 뛰놀았다. 엘리사벳은 성령으로 가득 차 큰 소리로 외쳤다. "당신은 여인들 가운데에서 가장 복되시며 당신 태중의 아기도 복되십니다."(루카 1,41-42)

마리아는 사촌 언니 엘리사벳이 아이를 가진 지 여섯 달이 되었음을 깨닫고는 그녀를 찾아가 보라는 마음의 소리를 듣게 된다. 그리하여 약혼자 요셉에게 사촌 언니가 아이를 낳는 것을 도와주러 가야겠다고 말한다. 요셉은 그 말에 동의하고 마리아가 안전하게 여행할 수 있도록 준비한 뒤, 마리아를 따라나선다.

마리아와 요셉은 강도들이 우글거리는 시골길을 따라 긴 여행을 한 끝에 예루살렘에 도착한다. 그들은 즈카르야와 엘리사벳이 살고 있는 작은 마을 가까이에 도착한다. 요셉은 여기서 마리아와 헤어진다. 그는 마리아에게 같은 방향으로 가는 사람들과 안전하게 여행하라고 당부하면서 작별 인사를 한다.

드디어 마리아가 사촌 언니 엘리사벳의 집에 도착하여 문을 두드리자 엘리사벳의 남편인 즈카르야가 문을 열어 준다. 그런데 즈카르야는 말을 할 수 없었다. 가브리엘 천사가 아들을 낳게 될 거라고 했을 때 믿지 않았기 때문이다. 마리아는 안으로 들어가 엘리사벳에게 인사를 한다. 엘리사벳은 마리아를 기쁘게 맞아들이면서 큰 소리로 외친다. "당신은 여인들 가운데에서 가장 복되시며 당신 태중의 아기도 복되십니다. 내 주님의 어머니께서 저에게 오시다니 어찌 된 일입니까? 보십시오, 당신의 인사말 소리가 제 귀에 들리자 저의 태 안에서 아기가 즐거워 뛰놀았습니다. 행복하십니다, 주님께서 하신 말씀이 이루어지리라고 믿으신 분!"(루카 1,42-45)

이 말을 듣고 마리아는 이렇게 노래한다.

"내 영혼이 주님을 찬송하고
내 마음이 나의 구원자 하느님 안에서 기뻐 뛰니
그분께서 당신 종의 비천함을 굽어보셨기 때문입니다.
이제부터 과연 모든 세대가 나를 행복하다 하리니
전능하신 분께서 나에게 큰일을 하셨기 때문입니다.

그분의 이름은 거룩하고
그분의 자비는 대대로 당신을 경외하는 이들에게 미칩니다.
그분께서는 당신 팔로 권능을 떨치시어
마음속 생각이 교만한 자들을 흩으셨습니다.
통치자들을 왕좌에서 끌어내리시고
비천한 이들을 들어 높이셨으며
굶주린 이들을 좋은 것으로 배불리시고
부유한 자들을 빈손으로 내치셨습니다.
당신의 자비를 기억하시어 당신 종 이스라엘을 거두어 주셨으니
우리 조상들에게 말씀하신 대로 그 자비가 아브라함과
그 후손에게 영원히 미칠 것입니다."(루카 1,46-55)

    엘리사벳은 마리아의 찬미가를 듣고 감탄한다. 엘리사벳은 가브리엘 천사가 마리아를 방문했다는 사실을 알지 못한다. 그러나 주님의 어머니가 될 마리아가 자신이 아기를 낳을 때 도움을 주기 위해 찾아왔다는 사실에 감명받는다.
    요한 세례자가 태어난 지 여드레째 되는 날 사람들이 아이에게 세례를 주고 이름을 즈카르야라고 지으려 하자 엘리사벳은 큰 소리로 말한다. "아닙니다. 요한이라고 불러야 합니다." 그제야 사람들은 즈카르야에게 아기의 이름을 무엇이라고 할 것인지 묻는

다. 그는 석판에 '아기 이름은 요한'이라고 적는다. 그러자 즈카르야는 입이 열리고 혀가 풀려서 말을 하게 된다. 입이 열린 그는 하느님을 찬미한다. 이를 본 이웃 사람들은 두려운 생각이 든다. 이 일은 유다 산골에 두루 퍼져 이야깃거리가 된다. 이 말을 들은 사람들은 모두 놀라워한다. 그들은 아이에 대해서 이렇게 말했다. "이 아기가 장차 어떤 사람이 될까? 하느님의 손길이 아기를 보살피고 계시니……." 마리아는 엘리사벳의 집에서 석 달가량 함께 지내고 나자렛으로 돌아간다. "아기는 자라면서 정신도 굳세어졌다. 그리고 그는 이스라엘 백성 앞에 나타날 때까지 광야에서 살았다."(루카 1,80)

마리아가 사촌 언니 엘리사벳을 도와주고 집으로 돌아온 후 요셉은 마리아가 임신했다는 사실을 알게 된다. 그는 이에 대해 무척 고민한다. 그런데 사흘 후 천사가 요셉의 꿈에 나타나 마리아가 성령의 힘으로 아기를 가졌다고 말해 준다. 요셉은 그 꿈을 믿고 마리아와 결혼한다. 이로써 그는 가장 거룩하신 분의 후견인이 된다.

✝

내면의 목소리에 반대하는 것은 얼마나 쉬운 일인가? 따를 수 없다고 변명하는 것이 얼마나 쉬웠겠는가? 하지만 성모님은 곤경에 처한다 해도 내면의 목소리를 따르는 데 주저하지 않았다.

영원한 생명의 비밀이 담겨 있는 성모님의 찬미가(마니피캇)를 묵상해 보자. 성모님은 아들 예수님을 잔인한 사람들에게 넘겨주어야 할 때가 오리라는 사실을 알면서도, 하느님께 속한 아기를 낳는다는 엄청난 고난을 기꺼이 받아들이셨다. 게다가 자신도 임신했으면서 사촌 언니를 돕기 위해 긴 여행을 떠날 결심까지 하셨다.

우리는 성모님처럼 할 수 있는가? 우리는 하느님 나라를 건설하기 위하여 세속적인 욕망을 포기하는가? 즈카르야처럼 하느님 말씀에 의심을 품거나 하느님 말씀을 가려 믿고 있는 것은 아닌가? 도움이 필요한 다른 사람을 도와주는가? 아니면 빠져나갈 적당한 구실을 찾는가? 혹은 가족이나 친구에게 도움을 청했는데 거절당한 적은 없는가? 그때 감정은 어떠했는가? 반대로 어떤 사람이 도움을 청했는데 거절한 적은 없는가?

이에 대해 깊이 반성하고 주님께 용서를 청해 보자. 당신의 청을 거절하고 당신에게 필요한 것을 주지 않은 사람들을 이해하고 용서하게 해 달라고 성모님께 전구하자. 설령 당신을 무시한 사람이 어머니나 아버지, 가족일지라도 말이다.

주 예수 그리스도님,
저희는 다른 사람을 거절하기도 하고,
다른 사람에게 거절당하기도 합니다.
하지만 저희는 거절했을 때는 곧잘 잊고,
거절당했을 때는 절대 잊지 않습니다.
이런 저희에게 저희 자신과 다른 사람을
무조건 용서할 수 있는 은총을 주소서.
거룩한 어머니, 하느님의 어머니시여,
특히 용서를 가장 필요로 하는 죄인들을 위해서도 비오니
저희가 죽을 때에도 저희를 위하여 빌어 주소서.
우리 주 예수 그리스도의 이름으로 비나이다. 아멘!

환희의 신비 3단

마리아께서 예수님을 낳으심을 묵상합시다

그들이 거기에 머무르는 동안 마리아는 해산 날이 되어, 첫아들을 낳았다. 그들은 아기를 포대기에 싸서 구유에 뉘었다. 여관에는 그들이 들어갈 자리가 없었던 것이다(루카 2,6-7).

그 무렵 로마 황제 아우구스투스가 온 천하에 호구 조사령을 내렸다. 요셉은 로마 당국의 명령을 따르기 위해 임신한 마리아를 데리고 다윗 집안의 본향인 베들레헴으로 떠날 준비를 한다. 요셉은 마리아와 짐을 꾸려 마리아를 나귀에 태우고 자신은 걸어서 베들레헴으로 향한다.

부드럽고 믿음직스럽게 발걸음을 내딛는 나귀는 임신 9개월이 된 마리아를 베들레헴까지 안전하게 태워 준다. 베들레헴에 도착하자 그들은 숙소를 찾아다니지만 베들레헴은 여행객으로 북적거려 여관방이 하나도 없으며, 그 외에도 달리 머물 곳이 없다. 요셉은 저녁 내내 이 집 저 집 머물 곳을 찾아다녔지만 마땅한 곳을 발견하지 못해서 몹시 난처하고 피곤했다. 그러나 그가 나귀를 타고 기다리는 마리아에게 돌아가자 마리아는 그에게 다정한 미소를 지어 준다. 하느님이 주시는 어려움이라면 무엇이든 기쁘게 받아들였기 때문이다. 그것을 본 요셉은 마음이 따뜻하고 평온해진다. 마리아는 자신들의 처지가 어려운 걸 잘 알고 있지만, 그에 대해 탓하기보다 그저 하느님을 찬미하면서 요셉과 함께 방을 찾아다닌다.

방을 구하려고 몇 번이고 돌았기에 베들레헴의 구석구석을 잘 알게 된 요셉은 여관 근처에서 자신들이 쉴 만한 안식처를 찾는다. 날이 무척 추운 데다가 이틀 동안이나 눈을 붙이지 못한 그들이 간신히 여관 뒤에 있는 마구간을 찾은 것이다. 요셉은 마리아의 의향은 어떤지 그 표정을 조심스레 살핀다. 마리아는 그에게 따스하게 미소를 지었고, 요셉은 그게 무슨 뜻인지 알아듣는다.

전면은 나무로, 후면은 동굴로 되어 있는 아주 초라해 보이는 마구간이지만 더 이상 선택의 여지가 없다. 요셉과 마리아, 나귀는 어디든지 추운 바람을 피하여 쉬어야 한다. 마리아는 요셉의 도움으로 나귀에서 내리고, 요셉은 춥고 배고픈 나귀를 안으로 끌고 들어가 황소 두 마리 사이에 있는 또 다른 나귀와 나란히 세운다. 요셉은 바람을 막기 위해 문에 외투를 걸쳐 두고 나귀에게 먹이를 준다. 짐승들의 온기로 동굴은 제법 따스하다.

　요셉은 근처 구유에서 밀짚을 가져와 마리아의 침대를 만들어 주고 불을 지핀다. 마리아는 모포를 풀고 꿀 넣은 빵을 꺼낸다. 그들은 기도를 드리고 빵을 먹은 후 기진맥진하여 곤히 잠든다. 그러나 마리아는 곧 잠에서 깨어 기도한다. 때가 왔음을 느낀 것이다. 기도를 하니 수많은 천사가 모여들어 함께 기도하며 노래한다. 마리아는 천사들의 노랫소리에 맞추어 아주 환한 빛 가운데서 아기 예수님을 낳는다. 마리아가 아기를 낳는 모습을 본 사람은 아무도 없다. 아이를 낳고 마리아는 천상의 기쁨을 느낀다.

　마리아는 춥고 더러운 마구간에서 아기를 낳았지만 필요할 때 도움을 줄 요셉이 옆에 있고 천사들이 함께하고 있었기 때문에 아주 행복했다. 하늘에서 들려오는 천사들의 노랫소리는 기쁨과 성스러움을 더해 준다.

　밝은 천상의 사랑에서 차가운 지상의 어둠으로 내려오는 것은 예수님께 엄청난 충격이다. 마리아는 추위와 배고픔에 울고 있는 아기에게 젖을 먹인다. 요셉은 아기 울음소리를 듣고 눈을 뜬다. 그가 눈을 뜨자 신기한 빛이 희미하게 비치고 있다. 눈앞에 펼쳐진 광경에 깜짝 놀란 요셉은 벌떡 일어나 갓난아기를 보고, 동굴 가장 깊은 곳에 황소의 숨결을 받아 따뜻해진 짚으로 작은 요람을 만든다. 마리아는 예수님을 그 작은 구유에 누인다. 짚과 따스한 숨결에 포근해진 아기 예수님은 금방 잠이 든다. 요셉과 마리아는 무릎을 꿇고 지극히 높으신 분의 아드님 예수님께 경배한다.

근처 들판에서는 목자들이 양 떼에게 풀을 먹이며 담요 아래 웅크리고 모여 앉아 밤 추위를 피하고 있었다. 그들은 갑자기 하늘의 군대가 나타나서 하느님을 찬미하고 "지극히 높은 곳에서는 하느님께 영광 땅에서는 그분 마음에 드는 사람들에게 평화!"(루카 2,14)라고 노래하는 것을 본다. 성경을 보면 목자들이 천사들의 노랫소리와 천사가 전하는 말에 얼마나 흥분했는지를 알 수 있다.

목자들은 양 떼를 다른 목자에게 맡기고, 아기 예수님을 찾아가서 그분께 경배한다.

†

성모님과 요셉 성인은 마땅히 잘 곳을 발견하지 못했을 때도 지극한 인내심을 보여 주셨다. 우리는 역경에 처할 때 그분들처럼 기쁘고 참을성 있게 처신하는가? 성모님과 요셉 성인은 도시의 가장 열악한 곳에서 잠을 잤다. 하지만 우리는 대궐 같은 곳에서 귀빈 대접을 받으며 잠들기를 바라는 것은 아닌가? 아니면 어디가 되었든 좋은 곳에 있게 되었다고 행복해하는가?

요셉 성인과 성모님, 목자들은 지극한 신앙심을 가지고 아기 예수님께 경배하였다. 의심 많은 세상에서 우리의 신앙은 확고한가? 의심 때문에 하느님을 사랑할 수 없게 되지는 않는가? 우리는 예수님을 세상에 선포하고 있는가?

아기 예수님,
당신은 하늘에 계신 성부께서
여기 이 땅에서도 저희 아버지가 되게 해 주셨으니,
당신을 진심으로 경배하고, 신뢰하며, 사랑합니다.
그리고 당신이 주신 축복에 한없이 감사합니다.
주 예수 그리스도님,
당신이 주신 이러한 축복에도 불구하고
저희는 아직도 의심이 많습니다.
저희도 성모님과 요셉 성인처럼
역경에서도 기쁘고 꿋꿋하게
당신을 바라볼 수 있는 믿음을 주소서.
그리하여 당신과 항상 가까이 있는 은총을 내려 주소서.
우리 주 예수 그리스도의 이름으로 비나이다. 아멘.

환희의 신비 제4단

마리아께서 예수님을 성전에 바치심을 묵상합시다

모세의 율법에 따라 정결례를 거행할 날이 되자, 그들은 아기를 예루살렘으로 데리고 올라가 주님께 바쳤다. 주님의 율법에 "태를 열고 나온 사내아이는 모두 주님께 봉헌해야 한다."고 기록된 대로 한 것이다 (루카 2,22-23).

마리아와 요셉은 예수님이 하느님의 아드님이라는 사실을 온전히 인식한다. 그들은 아기 예수님이 태어나던 추운 날 밤, 베들레헴 구유에서 갓 태어난 하느님의 아드님께 경배한다. 아기 예수님은 어느 모로 보아도 울고, 웃고, 젖을 빨고, 오줌을 싸는 보통 아기와 같다. 그렇기에 마리아와 요셉이 아기 예수님이 전능하신 하느님이라는 사실을 잠시라도 잊지 않기 위해서는 확고한 신앙이 필요했다. 그들은 이렇게 깊은 신앙을 남은 생애 내내 간직한다. 때가 되자 마리아와 요셉은 아기 예수님과 함께 나자렛에 있는 집으로 돌아온다.

  모세 율법에 따라 할례와 정결 예식을 끝낸 뒤 마리아와 요셉은 아기 예수님을 주님께 바치기 위해 예루살렘의 성전으로 간다. 그들은 성경에 나오는 대로 비둘기 두 마리를 봉헌한다. 그곳에서는 시메온이라는 사제와 한나라는 예언자가 여러 해 동안 메시아를 기다리고 있었다. 예수님의 가족을 본 그들은 예수님이 이사야 예언자가 오래전에 예언하였던 메시아임을 알아보고 설렌다. 그들은 아주 다정하고 부드럽게 예수님의 가족에게 인사를 한다.

  시메온은 여러 해 전에 그리스도, 즉 기름 부음 받은 이를 보기 전에는 죽지 않을 거라는 계시를 받았다. 그리고 이 아기가 그동안 기다려 온 그리스도라는 것을 알아본 시메온은 아기를 팔에 안고 하느님을 찬미한다.

  "주님, 이제야 말씀하신 대로 당신 종을 평화로이 떠나게 해 주셨습니다. 제 눈이 당신의 구원을 본 것입니다. 이는 당신께서 모든 민족들 앞에서 마련하신 것으로 다른 민족들에게는 계시의 빛이며 당신 백성 이스라엘에게는 영광입니다."(루카 2,29-32) 시메온은 그들을 축복하고 나서 아기 어머니 마리아에게 말하였다. "보십시오, 이 아기는 이스라엘에서 많은 사람을 쓰러지게도 하고 일어나게도 하며, 또 반대를 받는 표징이 되도록 정해졌습니다. 그리하여 당신의 영혼이 칼에 꿰찔리는 가운데, 많은 사람의 마음속

생각이 드러날 것입니다."(루카 2,34-35)

"당신의 영혼이 칼에 꿰찔리는 가운데……." 이것은 예언이다! 마리아는 그리스도의 수난에 함께할 은총을 받았다. 로마 병사의 창이 예수님과 마리아의 원죄 없는 심장을 찌르게 될 터였다. 수십 년 수천 년이 지나면서, 수많은 나라가 일어서고 무너지면서, 시메온의 말은 모두 실현된다.

예언자 한나도 성전에서 밤낮으로 기도하고 있다가 시메온을 따라 예수님께 와서 하느님께 감사드리고, 예루살렘의 구원을 기대하고 있는 사람들에게 예수님에 대하여 전한다. 마리아와 요셉은 시메온과 한나의 말을 듣고 깜짝 놀란다. 그것은 예수님이 하느님의 아드님이라는 사실을 긍정하는 것이기 때문이다. 성가정은 모세의 율법이 요구하는 모든 것을 행하고 나자렛 집으로 돌아간다.

마리아는 집에서 예수님을 가르쳤다. 읽기와 쓰기, 셈하는 것은 물론 성경과 유다 전통에 대해 가르쳐 주었다. 예수님은 자라서 양부인 요셉에게서 목공 기술을 배우고 그와 함께하는 시간이 점점 더 많아진다. 예수님은 몸과 지혜가 날로 자라면서 하느님의 은총을 더욱 많이 받게 된다. 그리고 해마다 과월절이 되면 예루살렘 대성전에 가서 제물을 바치고 하느님을 경배하였다.

✝

　그리스도인의 위대한 표징은 하느님과 교회, 국가, 사회에 순명하는 것이고 부모에게 순명하는 것이다. 그리스도인으로서 하느님께 "아버지의 뜻대로 이루어지소서."라고 말하는 것은 예수님과 성모님을 위한 대변인이 되는 것이다. 요셉 성인과 성모님이 모세 율법에 순명한 것을 잠시 묵상해 보자. 그들은 인간이 되신 하느님과 함께 살면서도 모세의 율법에서 규정하는 대로 희생 제사를 지냈다.

　요셉 성인과 성모님은 그 시대 대부분의 사람처럼 가난하였지만, 겸손한 삶을 사셨다. 하느님은 겸손한 자를 통하여 교만한 자들을 흩으신다. 우리 중에 메시아의 부모이면서도 그것을 마음속에 감춰 둘 만큼 겸손한 사람이 있을까? 하지만 하느님은 어두운 밤의 별들 안에 당신 성인들을 감추어 놓으신다.

　예수님의 놀라운 겸손을 보라. 그분은 하느님이면서도 영적으로 굶주린 아이처럼 성모님께 성경을 배웠다. 그리고 요셉 성인께 목공 기술을 배웠다. 하느님과 요셉 성인이 그렇게 하기를 원했기 때문이다. 예수님은 겸손을 통하여 사탄과 교만을 완전히 물리쳤다. 그분은 하늘 높은 곳에 계신 하느님만 숭배하였다. 만약 우리가 예수님과 달리 교만에 빠져든다면, 우리도 하느님의 뜻을 어긴 사탄처럼 될 수 있다.

말씀이신 예수님이 성전으로 가서 성부와 성령께 겸손하게 경배하는 모습을 머릿속에 그려 보자. 천사들이 예수님을 찬미하고 경배하는 모습을 보자. 예수님이 요셉 성인과 성모님께 충만한 은총을 내려 달라고 무릎을 꿇고 성부께 기도드리는 모습을 보자. 예수님이 언젠가 이루어야 할 사명을 위해 기도드리는 모습을 보자. 예수님이 당신 공덕으로 온 인류가 구원되기를 바라며 기도드리는 모습을 보자.

예수님은 공생활을 하시는 동안 성전 대사제들과 율법 학자에게도 복음을 선포하셨다. 하지만 그들은 변하지 않았다. 그들이 교만하여 성경 말씀에 항상 충실하지 않았기 때문이다. 오늘날에도 많은 사람들이 이렇게 교만함에 빠지는 경우가 많다. 그래서 주님의 말씀보다 호의호식에만 눈을 돌리고 만다. 이는 그리스도인들도 마찬가지다. 성당에 다니는 사람들과 만났을 때 정을 느끼고 위로를 느낀 적이 있는가? 아니면 오히려 이해받기는커녕 거부당하거나 가혹한 대접을 받은 적은 없는가? 혹은 사람들이 당신에 대해 수군거리는 것을 느낀 적은 없는가?

이처럼 누구나 교회에서조차 부정적인 일을 겪은 경험이 있을 것이다. 이 신비를 통하여 우리에게 상처 준 사람들을 용서하자. 반대로 다른 사람에게 상처를 준 적이 있다면 용서를 청하자. 다정하신 아버지 하느님은 우리가 가정과 교회에서 그리고 사회에서 교만을 버리고 겸손하게 조화를 이루며 살아가기를 바라신다.

영원하신 하느님,

주님의 놀라운 겸손을 보면서도

저희는 아직도 겸손한 삶을 살지 못하고 있습니다.

하지만 사랑하는 아드님의 몸과 피를 보시어

이런 저희를 용서해 주소서.

저희를 교만에서 꺼내 주소서.

하느님의 어린양이신 예수님,

당신이 정하신 영원한 법을 통하여,

저희를 거룩한 성심에 봉헌하시고,

저희 안에 당신 사랑과 겸손의 불을 심어 주소서.

우리 주 예수 그리스도의 이름으로 비나이다. 아멘.

환희의 신비 5단

마리아께서 잃으셨던 예수님을 성전에서 찾으심을 묵상합시다

사흘 뒤에야 성전에서 그를 찾아냈는데, 그는 율법 교사들 가운데에 앉아 그들의 말을 듣기도 하고 그들에게 묻기도 하고 있었다(루카 2,46).

예수님이 열두 살이 되었을 때, 성가정은 보통 유다인 가족처럼 연중 행사인 과월절 축제를 지내기 위해 예루살렘 성전으로 갔다. 요셉과 마리아는 기도와 제사를 마친 뒤 예수님이 함께 있는지 미처 생각하지 못한 채 성전을 떠난다. 친척들과 친지들 무리에 있으려니 한 것이다.

요셉과 마리아는 하룻길을 꼬박 가고 나서야 비로소 예수님이 보이지 않는다는 사실을 알게 된다. 그들은 예루살렘으로 돌아가서 하루 종일 예수님을 찾아다닌다. 그러나 사흘 뒤, 하느님께서 그들의 마음을 다스려 주시자 성전에서 예수님을 발견한다. 예수님은 성전에서 학자들의 말을 듣기도 하고 그들을 가르치기도 했다. 예수님의 말씀을 들은 사람들은 모두 그분의 이해력과 대답에 놀라움을 금치 못한다. 예수님의 부모는 예수님이 성전에서 가장 학식 있는 사제들을 가르치는 모습을 보고 깜짝 놀란다.

예수님의 어머니가 말한다. "애야, 우리에게 왜 이렇게 하였느냐? 네 아버지와 내가 너를 애타게 찾았단다." 그들은 하늘에 계신 성부께서 예수님의 행방을 모르게 하셨다는 사실을 깨닫지 못한다. 하느님이 사흘 동안 예수님을 잃어버리게 한 데는 거룩한 목적이 있었다. 예수님은 그 시간 동안 사제와 율법 학자들이 당신 자신에 대한 이사야 예언서의 말씀을 이해하는 데 도움을 주었던 것이다. 또한 요셉과 마리아는 예수님을 잃은 고통과 마침내 예수님을 찾은 기쁨을 통하여 앞으로 일어날 일을 미리 맛보고 신앙과 희망에 있어 커다란 성장을 이룬다.

예수님은 마리아에게 대답한다. "왜 저를 찾으셨습니까? 저는 아버지의 집에 있어야 하는 줄을 모르셨습니까?" 그때 마리아와 요셉은 예수님이 무슨 말을 하는지 이해하지 못한다. 시간이 흐르고 그들은 이 신비를 곰곰이 생각한 뒤에야 예수님의 첫 번째 사명은 성부께 향하는 것임을, 그리고 그분의 구원 사업이 이미 시작되었음을 이해하게 된다. 그들은 하느님이 인류를 구원하시기 위해 당신의 외아드님을 세상에 주셨다는 것과 이 사명이 항상 예수님의 마음과 삶에 최우선이라는 사실을 깨닫는다.

본분을 드러내신 예수님이셨지만, 부모와 함께 나자렛으로 내려가 그들에게 순종하며 지낸다.

✝

이 신비는 순명에 대해 보여 주기도 한다. 예수님은 벌써 열두 살이 되었고 인간이 되신 하느님임에도 불구하고, 나자렛으로 돌아가서 15년 동안 부모에게 순명하며 사셨다. 또한 예수님은 지금도 모든 젊은이가 자기 부모를 하느님으로 여기고, 나이 들어가는 부모를 존경하고 돌보기를 바라신다. 우리 스스로에게 물어보자. 부모로서 우리는 말과 행위로 모범을 보여 자녀에게 순명을 가르치고 있는가?

부모가 가지고 있는 가장 큰 두려움은 자기 아이를 잃어버리는 것이다. 성모님과 요셉 성인은 예수님을 잃고서 두려움과 불안을 느끼셨다. 사흘 밤낮을 찾아 헤맨 끝에 성전에서 예수님을 찾고 나서야 비로소 안심할 수 있었다.

자녀가 악행에 빠진 적이 있는가? 법을 지키지 않거나 여러 가지 죄를 저지른 적이 있는가? 사고나 죽음으로 아이를 잃을 뻔한 적이 있는가? 혹시 자녀를 먼저 하늘로 떠나보냈는가? 오늘은 요셉 성인과 성모님께 그분들이 예수님을 잃었을 때의 두려움과 불안을 떠올리면서 우리를 돌봐 달라고, 우리의 애달픈 마음과 상처를 치유해 달라고 청하자.

선하고 착하신 예수님,
당신 앞에 겸손되이 무릎을 꿇습니다.
당신을 향한 뜨거운 사랑으로
당신께 간절히 기도를 드리게 하소서.
또한 저희 마음 깊은 곳에 믿음, 희망, 사랑을 심어 주시어
저희가 고통 중에도 순명하고,
이를 통해 점점 더 굳세어지도록 해 주소서.
당신은 저희의 구원자이시며, 빛이시고, 동반자이시나이다.
아멘.

환희의 신비에 대한 성인들의 묵상

묵주 기도에는 수많은 축복이 담겨 있습니다. - 알랭 드 라 로슈 복자

매일 묵주 기도를 바치는 사람은 절대로 길을 잃지 않을 것입니다. 이는 제가 피로써 맹세할 수 있습니다. - 루도비코 마리아 그리뇽 성인

하느님이 당신을 위해 마련해 놓으신 소명을 제대로 따를 수 있도록 삶을 신중하게 선택하며 살아가는 것이 중요합니다. 그러니 이 목표를 위해 하루도 빠짐없이 기도해야 합니다. 바오로 사도와 함께 다음과 같이 자주 질문하십시오. "주님, 제가 무엇을 하길 원하십니까?"
- 요한 보스코 성인

가장 많이 기도하는 사람이 가장 많이 얻습니다.
- 알폰소 마리아 데 리구오리 성인

깨끗한 마음으로 하느님을 뵐 수 있는 그 완성의 고지에 다다를 때까지 노동과 기도로 하느님의 은총 안에서 나아가십시오. 이것이 우리 삶의 과제입니다. - 아우구스티노 성인

밤낮으로 성당에 가서 하느님께 기도를 들어 달라고 간청하려면 곤경에 처한 이웃의 간청을 들어줄 정도로 사려 깊어야 하지 않을까요?
- 요한 알몬드 성인

하느님이 우리의 영혼에 주실 수 있는 가장 큰 은총은, 은총을 많이 주시는 것이 아니라 우리가 은총을 많이 청하도록 해 주시는 것입니다.
- 아기 예수의 데레사 성녀

사랑하는 부모들이여, 간절히 청하노니 나자렛 성가정을 닮으십시오.
- 요한 마리아 비안네 성인

인간의 눈에는 아무리 작게 보이는 일도 최선을 다해 행하면 하느님 눈에는 큰일을 하는 것으로 보입니다. - 알칸타라의 베드로 성인

우리는 어떤 상황에 처하든, 어떤 일을 하든 그리스도인의 덕과 거룩함을 행할 수 있습니다. - 프란치스코 살레시오 성인

성인들은 그리스도의 친구로, 하느님의 자녀이자 상속자로 존경받아
야 합니다. 사도들과 순교자들, 금욕자들과 의인들의 삶을 주의 깊게
관찰해 봅시다. 그분들은 우리 주님의 오심을 알렸습니다. 그분들의
신앙과 사랑, 희망, 열정, 생명, 고통 중의 인내 등을 앞장서서 배워,
우리도 영광의 관을 함께 나누어 받도록 해야 하겠습니다.

– 다마스쿠스의 요한 성인

그리스도인의 생활은 행동의 생활이지 말과 몽상의 생활이 아니라는
점을 명심하십시오. 말은 적게 하고 행동은 많이 하되 그 모든 것을 잘
하도록 하십시오. – 빈첸시오 팔로티 성인

평화롭게 계속 가십시오. 여러분은 훌륭한 길을 따랐습니다. 두려움
없이 계속 가십시오. 여러분을 창조하신 분이 여러분을 거룩하게 해
주시고, 항상 보호해 주시고, 어머니로서 사랑해 주십니다. 하느님, 저
희를 창조해 주심에 깊이 감사드립니다. – 아시시의 클라라 성녀

우리는 비난과 욕설, 외설을 피하고 말을 절제해야 합니다. 농담으로
하는 불순한 말이 사람들에게 스캔들이 될 수 있고, 가시 있는 농담이
노골적으로 불순한 말보다 해로울 수도 있습니다.

– 알폰소 마리아 데 리구오리 성인

우리 삶의 목적은 하느님과 더욱더 가까워지는 것입니다. 이를 위해서는 우리 자신을 보지 않으려 노력하며, 우리 옆에 있는 것은 영원하지 않음을 기억해야 합니다. - 십자가의 요한 성인

쉬지 않고 일하고 끊임없이 노력하십시오. 아직 시간이 있을 때 할 수 있는 선한 일을 모두 하십시오. - 천주의 요한 성인

높은 고지로 올라가는 사람은 껑충 뛰어가지 말고, 한 단계씩 올라가야 합니다. - 대 그레고리오 교황

우리는 시선을 절제하여 유혹이 생길 것은 쳐다보지 말아야 합니다.
- 알폰소 마리아 데 리구오리 성인

죄의 원인이 되는 것을 끊어 버려야 만족을 느낄 수 있습니다. 단식은 정욕의 해결책이며, 기도는 교만, 질투, 분노, 태만의 해결책이고, 자선은 탐욕의 해결책입니다. - 치체스터의 리카르도 성인

우리는 죄의 원인을 피해야 합니다. 그러기 위해서는 열심히 기도하고 자주 성사를 보아야 합니다. 이를 행하는 사람은 반드시 죄에 굴하지 않을 것입니다. - 요한 마리아 비안네 성인

자신의 죄가 드러나기를 바라는 사람은 없습니다. 그러므로 다른 사람의 죄에 대해서도 침묵을 지켜야 합니다. - 요한 세례자 드 라 살 성인

그 사람 면전에서 말할 수 없는 것이라면 그 사람이 없는 곳에서도 절대 말하지 마세요. - 팟지의 마리아 막달레나 성녀

의로운 영혼 하나가 죄인 수천 명을 위한 용서를 구할 수 있습니다.
- 마르가리타 마리아 알라코크 성녀

병마를 피하듯이 죄를 피하십시오. - 요한 클리마코 성인

잘못을 저지르지 않는 것은 정말 초인적인 것입니다. 하느님만 그러실 수 있다는 사실을 명심하세요. - 나지안주스의 그레고리오 성인

은총을 받을 자격이 있다면, 저는 오로지 하나의 기적만 청할 것입니다. 그것은 하느님의 은총으로 저를 선한 사람이 되게 해 달라는 것입니다. - 안스카리오 성인

우리의 영혼을 구하는 중요한 방법은 피해야 할 사람이 누군지 알아내는 것입니다. - 토마스 아퀴나스 성인

여러분과 관계없는 것에 빠지지 않도록 조심하십시오. 그리고 그것이 마음에 스쳐 지나가는 것조차 허용하지 마십시오. 그렇게 하지 못한다면 여러분은 할 일을 완수하지 못할 것입니다. – 십자가의 요한 성인

악마는 죄를 버리고 은총의 상태에 있기를 원하는 사람만 유혹합니다. 그렇지 않은 사람은 이미 자기에게 속해 있기 때문에 유혹할 필요가 없습니다. – 요한 마리아 비안네 성인

일상에서 일을 할 때 저는 다음과 같은 목표를 따를 것을 제안합니다. 첫 번째 목표는 하느님의 뜻을 행하는 것이며, 두 번째 목표는 그분이 원하는 방법으로 행하는 것이고, 세 번째 목표는 그분이 원하시기 때문에 행하는 것입니다. – 엘리사벳 앤 시튼 성녀

참으로 순명하는 사람은 이것저것 차별하지 않습니다. 그의 유일한 목표는, 주어진 것은 무엇이든 충실하게 해내는 것이기 때문입니다.
– 베르나르도 성인

하느님께 교만의 죄를 짓지 않도록 싸울 힘을 달라고 청하십시오. 교만은 가장 큰 적, 모든 악의 원천, 선한 것을 실패로 이끄는 원인이기 때문입니다. 하느님은 교만한 자를 내치십니다. – 빈첸시오 드 폴 성인

교만은 우리의 영원한 관심사를 잊게 합니다. 교만은 우리가 영을 돌보는 일을 게을리하게 합니다. - 요한 세례자 드 라 살 성인

순명으로 주어진 일이 하느님과의 일치를 방해할까 겁내지 마십시오. 하느님의 영광을 위해 그 일을 행한다면, 그 일은 우리를 그분과 가깝게 해 줄 수 있는 엄청난 힘을 지니고 있습니다. 우리 의지가 하느님의 뜻과 일치하는데, 어떻게 그런 일로 하느님과 멀어질 수 있겠습니까? 하느님과 멀어지는 것과 하느님을 내적으로 인식하는 데서 얻게 되는 달콤함을 구분하지 못하는 것이야말로 큰 실수입니다. 일에서 얻는 달콤함은 항상 누리는 것이 아닙니다. 물론 아주 많이 누릴 때도 있긴 합니다. 하지만 하느님을 사랑하느라 이런 달콤함을 느끼지 못하더라도, 우리는 잃는 것이 아니라 작은 것을 버리고 더 큰 것을 얻는 것입니다. 반면 기도나 독서 혹은 관상을 하느라 우리 자신을 하느님께 일치시키는 작업을 중지하거나 포기하는 것은, 우리를 하느님에게서 멀리 떨어지게 만들고 자기 자신만을 사랑하게 합니다.
- 프란치스코 살레시오 성인

겸손의 첫 번째 단계는 망설임 없는 순명입니다. 그리스도를 가장 소중하게 여기는 사람은 저절로 순명하게 됩니다. - 베네딕토 성인

순결은 겸손에 대한 특별한 보상입니다. - 요한 보스코 성인

세상의 어떤 지식보다도 겸손이라는 작은 공부, 그리고 겸손을 행하는 단 하나의 행위가 훨씬 가치 있습니다. - 예수의 데레사 성녀

하느님은 겸손한 영혼에게 당신 빛과 은총을 충만하게 쏟아부어 주십니다. 학자들도 배울 수 없는 것을 가르쳐 주시고, 가장 현명한 사람도 풀 수 없는 신비를 분명하게 보여 주십니다. - 빈첸시오 드 폴 성인

겸손은 사랑의 호위병입니다. 순결의 문제에 있어서 위험을 겁내지 않는 것보다 위험한 것은 없습니다. - 필립보 네리 성인

하느님을 사랑하는 사람은 부드럽고 겸손하며 인내심이 많습니다.
- 십자가의 요한 성인

겸손의 스승이신 그리스도는 겸손한 사람에게만 당신 진리를 드러내시고 오만한 자에게는 자신을 숨기십니다. - 빈첸시오 페레르 성인

우리는 단 하나의 덕을 효과적으로 행함으로써 다른 모든 것에도 도달할 수 있습니다. - 나지안주스의 그레고리오 성인

우리 구미에 맞지 않고, 불친절하며, 무례하고, 성가시게 구는 사람들을 사랑스럽게 보고, 섬기고, 존경하는 마음으로 대하는 것이 온유함의 가장 높은 경지입니다. – 프란치스코 살레시오 성인

무엇보다 우리는 원수에게 사랑을 보여 줘야 합니다. 자기가 잘못되기를 바라는 사람에게 잘 대해 주려고 노력하는 사람을 보면, 우리는 그 사람이 참된 그리스도인이라는 것을 알게 될 것입니다.
– 알폰소 마리아 데 리구오리 성인

당신이 먹는 빵은 배고픈 사람의 것입니다. 당신 옷장에 걸려 있는 옷은 헐벗은 사람의 것입니다. 당신이 신지 않는 신은 맨발인 사람의 것입니다. 그러므로 자선 행위를 하지 않는 것은 엄청난 불의를 저지르는 것입니다. – 바실리오 성인

하느님의 은총을 듬뿍 받는다면, 그 누구도 우리를 이기지 못합니다. 우리는 우리에게 저항하는 사람들보다 강해질 것입니다.
– 요한 크리소스토모 성인

영은 세상의 구원자이신 인간이 되신 하느님의 마음에서 모든 인간에게로 그리고 당신에게로 흐릅니다. 하지만 예수님의 양부이자 예수님

과 가장 가까이서 살고 함께 일했던 요셉 성인보다 그 영이 완전하고 심오하게 흘러들어 간 사람은 없습니다. 그러므로 그리스도와 가까워지기를 원한다면 요셉 성인에게 가까이 가십시오. - 비오 12세 교황

주님의 은총을 협조자로 삼은 사람만이 유혹을 극복할 정도로 강해질 수 있습니다. - 아우구스티노 성인

시간이 얼마나 짧고 영원이 얼마나 긴지 생각해 보고, 여기 있는 모든 것이 얼마나 빨리 지나고 얼마나 빨리 끝나는지 생각해 보십시오. 지탱해 줄 수 없는 것에 기대는 것이 무슨 소용이 있겠습니까?
- 제라르도 마젤라 성인

모든 사람 안에 나타나는 하느님의 모상을 존중해야 합니다.
- 라파엘라 마리아 복녀

우리가 행한 덕의 보상을 내세에서 어떻게 받을 수 있는지 볼 수 있다면, 우리는 위험하거나 피로해도 선한 행위를 하는 데에만 지성과 기억과 의지를 사용할 것입니다. - 제노바의 가타리나 성녀

자선은 가난한 사람이 마땅히 받아야 할, 그리고 예수님이 우리에게

쏟아부어 주시는 유산이요 정의입니다. - 아시시의 프란치스코 성인

우리는 자선을 베풀어야 합니다. 그래야 사랑은 영혼을 얻고 그 영혼을 덕으로 이끕니다. - 안젤라 메리치 성녀

그리스도는 "나는 관습이다."라고 하지 않으시고 "나는 진리다."라고 말씀하셨습니다. - 투리비오 성인

사랑은 모든 덕의 형상이요, 동인이요, 어머니요, 뿌리입니다.
- 토마스 아퀴나스 성인

사랑은 영혼을 창조주와 연결해 주는 달콤하고 거룩한 유대입니다. 그것은 하느님을 인간과, 인간을 하느님과 결합시켜 줍니다.
- 시에나의 가타리나 성녀

시대의 요구에 따라 새로운 규칙을 만들어 현재의 것을 바꿔야겠다고 여겨진다면, 다른 사람과 신중하게 상의하여 결정하십시오.
- 안젤라 메리치 성녀

하느님 안에서 이웃을 사랑하기 위해서는 먼저 하느님을 사랑해야 합

니다. - 베르나르도 성인

할 일이 아무리 많아도, 하느님의 뜻이라면 그것을 모두 할 시간이 생깁니다. - 베드로 가니시오 성인

하느님을 사랑하고 섬기십시오. 모든 것이 그 안에 있습니다.

- 아시시의 클라라 성녀

사랑의 증거는 그 활동에 있습니다. 사랑이 있는 곳에는 위대한 일이 일어납니다. 그런데 사랑이 활동을 멈추면 존재도 멈춥니다.

- 대 그레고리오 교황

빛의 신비

빛의 신비 1단

예수님께서 세례받으심을 묵상합시다

예수님께서는 세례를 받으시고 곧 물에서 올라오셨다. 그때 그분께 하늘이 열렸다. 그분께서는 하느님의 영이 비둘기처럼 당신 위로 내려오시는 것을 보셨다. 그리고 하늘에서 이렇게 말하는 소리가 들려왔다. "이는 내가 사랑하는 아들, 내 마음에 드는 아들이다."(마태 3,16-17)

태양이 밝게 내리쬐던 어느 이른 아침, 예수님은 다정하고 따뜻한 어머니 품을 떠나 세상으로 나오신다. 살랑대는 잎 사이로 햇살이 내비치자 아침 이슬이 보석처럼 반짝인다. 예수님은 잠시 걸어가다가 뒤를 돌아보고, 미소 지으며 바라보는 어머니에게 손을 흔드신다.

예수님은 그 집에서 어머니의 사랑을 듬뿍 누리셨다. 시원한 나무 그늘, 정원, 활짝 핀 꽃들, 벌과 나비들……. 이 모든 것이 떠나지 말라고 손짓하는 것 같다. 하지만 예수님은 하늘에 계신 성부께서 아주 조용하게, 하지만 끊임없이 자신을 부르고 계신다는 것을 알고 계신다. 그분은 성부를 기쁘게 해 드리고자 하는 열망에 가득 차 있으시다. 예수님은 부드러운 바람 속에서 속삭이는, 자신을 포근하게 안아 주고, 자신이 알지 못할 곳으로 인도하는 성령의 목소리를 들으신다.

지난 30년 동안 어머니 마리아는 예수님을 다정하게 보살펴 주었다. 그들이 얼마나 끈끈한 정으로 묶여 있는지 상상도 할 수 없다. 그러나 예수님은 선택된 사람들을 보살피기 위해, 복음을 전하기 위해 집을 떠나신다. 이는 곧 세례를 통해 공식적으로 받게 될 사명이다. 예수님은 자신이 어떻게 되든 성부의 뜻에 따르겠다고 결심하신다. 예수님은 요한 세례자가 요르단 강가에서 세례를 베풀고 있다는 소문을 듣고 그 위대한 사건을 보기 위하여 서둘러 여행을 떠나신다.

요르단 강가에는 참회한 사람들이 세례받는 모습을 보기 위해 많은 사람이 모여 있다. 그들은 깨끗하고 하얀 가운을 걸치고 강으로 들어가는 예수님을 본다. 예수님이 세례를 받을 때 성령이 비둘기 모양으로 내려오면서 성부의 사랑이 흘러내린다. 인간인 동시에 하느님인 예수님에게는 죄가 없다. 하지만 단 한 번의 거룩한 행위를 통해 새로운 성사적 계약으로 세례가 세워진다. 우리는 그 세례를 통해 죄를 씻고 성령의 선물을 받을 수 있게 된다.

이로써 대죄 중에 있는 우리가 다시 하늘에 계신 성부의 자녀가 되고 하느님 나라의 모든 것을 물려받게 된다.

†

어여쁜 아기가 세례받는 모습을 본 적 있을 것이다. 세례는 하느님 나라의 새로운 시민이 되는 신성한 사건이다. 세례받은 사람들 안에서 성부와 성자는 성령과 함께 하나임이 드러난다. 세례는 그리스도의 번제holocaust다. 은총과 덕을 선물로 우리에게 주기 위하여 그분이 만드신 것이다. 이로써 세례받은 사람은 하느님의 새로운 창조물이 되고, 하느님이 사랑하는 사람으로 온 세상에 알려진다.

우리가 세례받을 때의 모습을 떠올려 보자. 새하얀 드레스나 양복에 부활초가 환하게 비추는 것을 볼 수 있을 것이다. 그런 가운데 우리는 "나는 성부와 성자와 구세주 그리스도님, 주님의 표지로 이 예비 신자들에게 구원의 기름을 바르오니 주님의 힘으로 이들을 보호하소서. 주님께서는 영원히 살아 계시며 다스리시나이다."라는 기도를 들었다. 그리고 가슴이나 양손에 성유를 받았다. 그런 뒤에 이마에 신선하고 따스한 물이 세 번 흐르며 우리는 "성부와 성자와 성령의 이름으로 세례를 줍니다."라는 말을 들었다. 이때 하느님의 성령이 내려와 당신을 따뜻하고 밝게 해 준다. 당신에게서 나오는 빛이 안팎으로 밝게 비춘다.

우리는 세례받을 때 예수님의 순수함을 입었다. 언젠가 한 친구가 세례 갱신식에 참석했을 때, "내가 너를 성부께 데려갈 수 있도록 깨끗해졌으니, 이제 죄를 짓지 마라." 하고 말씀하시는 예수님의 음성을 들었다고 했다. 이처럼 우리는 세례를 통해 순수하고 거룩해지며, 계속 그렇게 순수하고 거룩하게 살라는 어려운 도전과 직면한다.

우리 대부분은 이미 세례를 받았다. 그렇기에 우리는 이 어려운 과제를 해내야 한다. 어떻게 해야 더욱 거룩해질 수 있는가? 기도와 성사, 특히 고해성사와 성체성사를 통해 그렇게 될 수 있다. 이러한 성사는 말로 표현할 수 없을 만큼 은총으로 가득하다. 이 성사에 자주 참례하여 온 마음을 다해야 한다.

우리가 유아 세례를 받았든 어른이 되어 세례를 받았든 세례는 우리에게 많은 은총과 책임을 준다. 세례는 우리의 몸과 영혼을 완전히 새롭게 해 준다. 우리는 성령 안에서 새로 태어나고 십자가에 못 박히신 예수님의 희생을 통해 새로운 사람이 된다. 이렇게 하여 우리는 새로운 사랑의 완성에 도달할 수 있으며 하늘에 계신 성부의 깨끗하고 사랑 깊은 모상이 된다.

티 없이 깨끗하신 주님,

영원한 성부의 이름으로 저희 죄를 용서해 주시고,

성령의 특별한 은총으로 저희를 씻어 주시어

저희가 세례받을 때와 같이 순수해지도록 해 주소서.

저희를 위해 세례를 받으신 예수님,

저희도 성령 안에서 다시 태어나

성부를 더욱더 닮고자 하오니,

당신의 가장 복된 이름 '나자렛 예수' 안에서

복음을 전하는 사명을 수행할 수 있도록 도와주소서.

우리 주 예수 그리스도의 이름으로 비나이다. 아멘.

빛의 신비 2단

예수님께서 카나에서 첫 기적을 행하심을 묵상합시다

그분의 어머니는 일꾼들에게 "무엇이든지 그가 시키는 대로 하여라." 하고 말하였다. 거기에는 유다인들의 정결례에 쓰는 돌로 된 물독 여섯 개가 놓여 있었는데, 모두 두세 동이들이였다. 예수님께서 일꾼들에게 "물독에 물을 채워라." 하고 말씀하셨다(요한 2,5-7).

어린 예수님께 요셉과 마리아는 필요한 것은 무엇이든 해 주는 하느님과 같은 존재다. 예수님은 소년으로 자라면서 어머니와 양아버지가 서로에게, 그리고 자신에게 보여 준 따스한 보살핌에 깊은 감동을 받으신다. 예수님은 마리아와 요셉에게서 인간에 대한 사랑을 배우신다. 예수님에게는 그들이 사랑과 봉사의 모범이었던 것이다. 그 두 사람은 서로에게, 그리고 가정에 행복을 가져다 주기 위해 최선을 다한다.

우리의 생각은 부모에게 가장 큰 영향을 받는다. 예수님 앞에는 요셉과 마리아가 있다. 예수님은 부부가 평생 동안 일치하여 살아간다는 것에 대해 아주 밝고 분명한 이미지를 갖고 있다. 이로 인해 예수님은 성인이 되어서 사람들을 대할 때도 이런 태도를 취하신다. 예수님은 만나는 모든 사람에게 위대한 사랑을 보여 주신다.

공생활을 시작한 예수님은 새로 선택한 제자들과 어머니와 함께 카나의 혼인 잔치에 참석하신다. 혼인 잔치에 가장 먼저 참여하신 것은 부부의 결합이 아주 사랑스럽고 성스러운 것이라고 여겼기 때문이다. 잔칫집에 도착한 예수님은 신랑과 신부를 축복해 주고 그들을 위해 하루를 내주신다. 그러나 혼인 잔치에 포도주가 떨어지자, 마리아는 예수님께 포도주가 없다는 사실을 알린다. 예수님은 아직 자신의 때가 오지 않았다고 말하자, 마리아는 일꾼들에게 예수님이 시키는 대로 하라고 말한다. 예수님은 일꾼들에게 여섯 개의 물독에 물을 채우라고 말씀하신다.

카나의 혼인 잔치에서 여섯 개의 물독은 손님들이 손을 씻을 때 사용되는 것이다. 마치 죄를 씻어내는 고해성사처럼 말이다. 예수님은 이 물을 포도주로 바꾸신다. 이처럼 우리는 고해성사를 통해 죄를 용서받고 따뜻한 사랑 속에 살게 된다. 또한 이 혼인 잔치의 기적은 최후의 만찬에서 **빵과 포도주를 축성하여 예수님의 몸과 피가 되도록 함**을 예고했다고도 볼 수 있다. 예수님이 성체성사를 제정하실 것을 예고한 것이다. 예수님은 이러한 성사를 제정함으로써 세상 끝 날까지 우리와 함께 계시겠다고 한 약속을 지키셨다.

†

예수님은 카나의 혼인 잔치에서 신랑과 신부를 축복해 주며, 그들이 하나 되게 해 주셨다. 그들은 주님의 축복 속에서 사랑으로 한 가정이 된다. 혼인으로 남편과 아내는 영으로 하나 되고, 서로 사랑하고 신뢰한다. 남편은 아내를 사랑하고 아내는 남편을 사랑하여 그들의 사랑으로 아이가 태어난다.

가정은 어떤 의미에서 성삼위와 비슷하다. 각 위격은 다른 위격을 사랑하고 찬미한다. 성부는 성자를 사랑하고, 성자는 성부를 사랑하며, 그들이 서로 사랑하는 가운데 성령이 나온다. 가정은 성삼위처럼 살고 사랑해야 한다. 가족들이 성삼위 하느님과 함께 산다면 그 가정에는 사랑과 찬미, 일치와 평화가 있을 것이다.

우리 가정은 성가정과 같은가? 우리는 가정에서부터 하나가 되어 평화롭게 하느님과 교회를 받아들이는가? 혼인성사 때가 기억나는가? 어여쁘게 활짝 핀 새하얀 꽃들, 반짝이는 수정, 촛대에서 팔랑거리는 촛불, 신부의 희고 아름다운 웨딩드레스, 들러리들이 입은 색색의 드레스……. 모든 사람이 얼마나 행복하고 친절한가? 얼마나 사랑으로 가득 차 있는가?

사제가 신랑과 신부에게 사랑과 헌신에 대하여 질문한다. 신랑이 신부에 대한 영원한 사랑과 신의를 장엄하게 선포할 때, 우리는 사랑과 헌신을 신랑에게 돌려주는 신부의 광채를 보게 된다.

이처럼 혼인은 아주 아름답게 시작한다. 하지만 여러 해가 지나면 문제가 생길 수 있다. 그렇기 때문에 오늘날 자기 가정을 위해서 기도해 달라고 부탁하는 사람이 많다. 아이가 말썽을 피워 고통을 받는 부모도 있고, 결혼 생활 자체가 불만족스러워서 문제가 되는 부부도 있다. 예수님은 그런 우리에게 이렇게 말씀하신다. "고생하며 무거운 짐을 진 너희는 모두 나에게 오너라. 내가 너희에게 안식을 주겠다."(마태 11,28)

영원한 사제이신 예수님,
카나의 혼인 잔치에서처럼
영원한 사랑과 신의를 다시 한 번 선포하시어
저희의 결혼 생활에서도 아픔과 상처를 모두 치유하시고,
저희가 당신과 배우자에 대한 사랑으로 불타오르게 해 주소서.
그리하여 배우자와 함께 사랑 속에서 하나 되게 해 주소서.

저희를 항상 인자하게 안아 주시는 성모님,

카나의 혼인 잔치에서처럼

저희를 대신하여 예수님께 은총을 구해 주시고,

예수님이 시키는 대로 따를 수 있는 용기를 저희에게 전해 주소서.

우리 주 예수 그리스도의 이름으로 비나이다. 아멘.

빛의 신비 3단

예수님께서 하느님 나라를 선포하심을 묵상합시다

가서 "하늘 나라가 가까이 왔다." 하고 선포하여라. 앓는 이들을 고쳐 주고 죽은 이들을 일으켜 주어라. 나병 환자들을 깨끗하게 해 주고 마귀들을 쫓아내어라. 너희가 거저 받았으니 거저 주어라(마태 10,7-8).

예수님이 미소를 지으며 산 위에 높이 서 계신다. 흰옷을 입고 계신 예수님이 밝고 부드러운 햇빛 아래 눈부시게 빛난다. 예수님은 군중을 둘러보시고, 반짝이는 눈빛으로 어린아이들을 껴안으신다. 그분은 서서히 비탈길로 올라가서 풀과 야생초가 가득한 곳에 있는 두 개의 커다란 바위 사이에 서신다. 하늘과 땅의 왕이 기쁜 소식을 전해 주기 위해 군중에게 돌아서신다.

사람들은 조용해지고, 예수님은 고개를 들고 큰 소리로 선포하신다. "하느님 나라가 다가왔다." 부드러운 바람이 불며, 꽃과 풀, 나무에 생기가 가득하다. 새들은 새벽부터 땅거미 질 때까지 노래를 부르며 창조주를 찬미한다. 멀리서 양 떼는 평화롭게 풀을 뜯고 있다. 나비와 벌들은 이 꽃 저 꽃으로 분주히 날아다닌다. 모두 나름대로의 겸손한 방법으로 그들을 사랑하는 창조주를 열심히 섬기고 있다.

이렇게 고요하며 평화로운 가운데 하늘이 땅을 건드린다. 예수님은 성령을 받고 그분이 가장 사랑하는 인간을 위해 지혜로 가득한 말씀을 전해 주신다. "행복하여라, 마음이 가난한 사람들! 하늘 나라가 그들의 것이다. 행복하여라, 슬퍼하는 사람들! 그들은 위로를 받을 것이다. 행복하여라, 온유한 사람들! 그들은 땅을 차지할 것이다. 행복하여라, 의로움에 주리고 목마른 사람들! 그들은 흡족해질 것이다. 행복하여라, 자비로운 사람들! 그들은 자비를 입을 것이다. 행복하여라, 마음이 깨끗한 사람들! 그들은 하느님을 볼 것이다. 행복하여라, 평화를 이루는 사람들! 그들은 하느님의 자녀라 불릴 것이다. 행복하여라, 의로움 때문에 박해를 받는 사람들! 하늘 나라가 그들의 것이다."

예수님은 잠시 멈추신 다음 머리와 팔을 들어 올리고 성부께 기도드리신다. 그러고 나서 아픈 사람을 고쳐 주시고, 고통받는 사람을 위로해 주면서, 군중 사이를 거니신다. 그러다 문득 몸을 곧게 펴시더니 군중을 둘러보신다. 그리고 바로 우리에게 눈길이 머문다. 그분은 강력한 눈길로 우리를 응시하시다가 부드럽게 미소 지으신다. 그러고 나서 천천히 그리고 아주 부드럽고 다정하게 말씀하신다. "내 사랑하는 친구여, 나는 바로 너를 위해서 왔다!"

†

예수님은 제자들에게 가서 아픈 사람을 치료해 주고 복음을 선포하라고 명하신다. 결국 초대 교회가 급속하게 퍼지게 된 것은 '기도에 대한 응답'으로 그리스도에게서 치유를 받은 신자들이 교회에 헌신했기 때문이다. 오늘날에도 예수님은 우리를 아픈 사람과 함께 기도하라고 부르신다. 예수님은 제자들이 용감하게 나아가 치유를 위하여 기도하고, 믿지 않는 사람들에게 복음을 전하기를 원하신다. "구하라. 받을 것이다." 이렇게 믿는 이들은 아무리 미미한 곳에서라도 복음을 전하라는 사명을 받는다. 믿지 않는 사람이 회개하고 하느님을 받아들이도록 하는 것은 몸을 치유해 주는 것보다 더 큰 기적이다. 그것은 죽은 사람을 살려 내는 것이나 마찬가지이기 때문이다.

지상에서 '하느님 나라'는 예수님이 주신 참생명이다. 성체성사의 은총을 통하여 생명의 선물을 받는 것은 예수 그리스도의 사도적 교회에서만 볼 수 있다. 그리스도가 사도들에게 주신 성사는 교회의 사제들을 통하여 오늘날까지 계속 우리에게 주어진다.

우리는 세례성사를 통해서 하느님 나라의 상속자가 되고, 자녀가 되어 하느님과 일치한다. 견진성사를 통해 성령 안에서 기도하고, 복음을 전하며, 위대한 사랑을 행할 수 있는 힘을 받는다. 고해성사는 내적으로 깊이 치유를 받을 수 있는 기회인데, 특히 우리 자신과 다른 사람을 완전히 용서하겠다는 마음을 먹을 때 더욱 그러하다. 하느님의 용서를 받으면 우리도 다른 사람을 용서해 주어야 한다. 그러니 분노를 품은 채 하루를 넘기지 않도록 노력하자.

성체성사를 치유의 성사라고 말하는 경우는 드물지만 그것은 치유의 기회 중에서도 가장 큰 기회다. 위대한 치유자 예수님이 몸소 우리 몸과 영에 오시기 때문이다. 그분은 성체성사를 통해 바로 우리 안에 들어오신다. 성체성사는 하느님 나라에서 베일을 벗으신 그분을 뵐 때까지 우리가 그분과 가장 가까이 있을 수 있는 방법이다. 성체를 영할 때 예수님이 우리에게 직접 복음을 전해 주신다. 이는 다른 사람들에게 복음을 전하려 할 때 우리가 반드시 갖추어야 할 준비다.

우리는 성사를 통하여 지고하고 장엄하신 하느님께 영광을 드리고, 성령의 선물과 은총을 더욱 많이 받게 된다. 하느님의 율법을 지키고, 은총을 얻고, 성사를 받으면, 거룩하고 의로운 행위를 더욱 쉽게 할 수 있다. 또한 악마의 공격에서 안전할 수 있다.

사람에 대하여 예수님처럼 그토록 다정하게 말하는 사람을 본

적이 있는가? "이 작은 이들 가운데 한 사람에게 그가 제자라서 시원한 물 한 잔이라도 마시게 하는 이는 자기가 받을 상을 결코 잃지 않을 것이다."(마태 10,42), "고생하며 무거운 짐을 진 너희는 모두 나에게 오너라. 내가 너희에게 안식을 주겠다. 나는 마음이 온유하고 겸손하니 내 멍에를 메고 나에게 배워라. 그러면 너희가 안식을 얻을 것이다. 정녕 내 멍에는 편하고 내 짐은 가볍다."(마태 11,28-30)

사랑하는 주님,
주님은 죄가 없으시지만 저희는 죄인이옵니다.
그럼에도 저희를 구원해 주시고
사랑해 주시는 당신께 감사드립니다.
성실하신 주님은 언제나 저희와 함께 계시며,
항상 저희 영혼을 따뜻하게 해 주십니다.
열렬한 사랑이신 주님,
앞으로도 그 크신 자비를 담은 치유와 위로의 눈길을
밤낮으로 보내 주소서.
우리 주 예수 그리스도의 이름으로 비나이다. 아멘.

빛의 신비 4단

예수님께서 거룩하게 변모하심을 묵상합시다

예수님께서 기도하시는데, 그 얼굴 모습이 달라지고 의복은 하얗게 번쩍였다. 이어 구름 속에서 "이는 내가 선택한 아들이니 너희는 그의 말을 들어라." 하는 소리가 났다(루카 9,29.35).

예수님이 베드로와 요한과 야고보를 데리고 기도하러 산에 오르셨다. 우리가 사도들과 함께 그곳에 서 있는 모습을 상상해 보자. 예수님은 우리를 향해 몸을 돌리고, 하늘을 보면서 성부께 기도드리신다. 예수님이 우리를 위하여, 산 이와 죽은 이 그리고 태어나지 않은 이를 위하여 기도하신다. 기도하는 동안 밝게 빛나는 모습으로 변모된 예수님은 고개를 숙여 따스한 눈길로 우리의 눈을 깊이 들여다보신다.

그분이 우리에게 팔을 뻗으며 조용히 말씀하신다. "보라, 친구여! 진실로 나는 너를 사랑한다." 예수님의 목소리가 좀 더 낮아진다. 더욱 낮아진다. 그분은 결연하게 그리고 장엄하게 말씀하신다. "그렇다. 정말이다. 나는 너를 너무나 사랑하는 나머지 너를 위해 기꺼이 죽겠다."

두 개의 작은 빛이 지상으로 내려온다. 하나는 불타는 빛처럼 보이는 사람이고, 다른 하나는 태양의 불꽃처럼 보이는 사람이다. 모세와 엘리야라는 것을 우리는 직감적으로 깨닫는다. 그들이 인간이 되신 하느님과 대화를 한다. 예수님은 그들과 앞으로 다가올 그분의 죽음과 부활에 대해 말씀하신다. 갑자기 상상할 수 없을 정도로 밝은 빛이 예수님을 감싸고, 하늘에서 아주 강력하면서도 조화로운 성부의 목소리가 천둥처럼 들려온다. "이는 내가 사랑하는 아들, 내 마음에 드는 아들이니 너희는 그의 말을 들어라." (마태 17,5)

예수님은 세상을 떠난 지 40일이 지난 후 이와 같은 빛 속에서 하느님 나라 예루살렘 왕국으로 들어가신다. 변모된 그리스도의 몸에서, 그분의 손과 발에서, 그리고 옆구리 상처에서 밝고 맑은 빛이 퍼져 나온다. 우리는 도처에서 영광스러운 변모를 볼 수 있다. 엘리야와 모세는 광활한 우주 속으로 사라진다. 우리 앞에 있던 구름이 사라진다.

✝

　예수님은 당신의 은총으로 변화되길 바라시며 우리 한 사람 한 사람을 부르신다. 제자인 우리 각자 안에 계시면서 우리가 서로에게서 당신을 찾을 수 있기를 바라신다. 예수님은 감실 안에서 항상 우리와 함께 계신다. 그리고 성체성사를 통해서 치유와 성장을 위한 당신 사랑의 힘을 주신다. 우리가 예수님의 몸과 피, 영혼과 신성을 영원한 성부께 바쳐 드릴 때 우리는 이 사랑을 하느님께 돌려 드리는 것이다.

　우리는 육에서 영으로 가기 위하여 애쓴다. 우리는 자신을 하느님께 내맡겨 성령이 우리를 인도하시고, 우리를 통하여 말씀하시고, 영적으로 활동하시게 해 드린다. 이것은 마더 데레사 성녀의 생애 안에서도 분명히 볼 수 있다. 마더 데레사 성녀는 성령이 당신을 가득 채우도록 하였다. 그래서 사람들은 인종과 종교를 뛰어넘어 마더 데레사 성녀의 단순한 말에 마음을 움직였다. 성녀의 말은 성령으로 흠뻑 젖어 있었기 때문이다. 우리도 마더 데레사 성녀처럼 될 수 있고 또 놀라운 사랑의 행위를 할 수 있다.

　예수님의 변모에 대해 잠시 생각해 보자. 빛은 영을 동반한다. 빛은 영의 동반자다. 모세와 엘리야에게 겸손하게 말씀하고 계시는, 육화하신 하느님이신 예수님이 영광 안에서 빛나신다. 이 모습을 본 사람들은 얼마나 놀랐겠는가? 폴란드의 마리아 파우스티나 코발스카 성녀와 같은 극소수의 사람만이 부활하여 빛에 둘러싸인 그리스도, 다섯 상처에서 형형색색 영광스러운 빛을 발하는 그리스도를 보았다.

그러나 우리도 영을 통하여 거룩한 변모를 볼 수 있다! 이 멋진 사건을 바라보자. 여러 개의 태양을 합해 놓은 것보다 더 밝은 빛을 보고 가슴이 벅차오른 제자들을 보자. 온갖 어둠을 지워 버리는 저 엄청난 빛을 바라보자. 예수님은 구름 위에서 강렬한 빛을 발하신다. 우리 주님의 빛나는 눈길, 빛나는 옷, 그분 몸에서 발산되는 밝은 성령의 빛을 보자. 하늘이 강한 빛으로 열릴 때 예수님이 황홀경에 빠져 위를 바라보시는 모습을 보자.

많은 성인들이 예수님에 대한 헤아릴 수 없는 사랑을 입증한다. 사랑 가득한 하느님 마음에서 끊임없이 흘러나오는 자비의 강물이 우리에게 흐른다. 생명의 나무인 예수님은 당신이 사랑하는 사람들을 위해 싹을 틔우고 꽃을 피우며 풍성한 열매를 맺으신다. 그렇기에 우리도 예수님을 위해 살고 죽을 수 있다. 우리도 사랑 안에서 살 수 있고, 성체를 통하여 세상 안에서 버틸 수 있는 힘을 얻는다. 그리고 사랑 안에서 우리의 하느님이신 성령께 나아갈 수 있다.

찬란히 빛나시는 주 예수님,
당신은 거룩하신 변모를 통하여
하늘로 가는 새로운 길을 보여 주셨으며,
초대 교회의 제자들에게 당신의 신성도 보여 주셨습니다.
온갖 어둠을 지우시는 주님,
저희에게도 당신의 빛을 보여 주시고
그 빛으로 저희 마음을 비추시어
저희가 마음 아프고 고민하는 중에도
당신을 사랑하고, 당신께 의탁할 수 있게 해 주소서.
우리 주 예수 그리스도의 이름으로 비나이다. 아멘.

빛의 신비 5단

예수님께서 성체성사를 세우심을 묵상합시다

예수님께서는 또 빵을 들고 감사를 드리신 다음, 그것을 떼어 사도들에게 주시며 말씀하셨다. "이는 너희를 위하여 내어 주는 내 몸이다. 너희는 나를 기억하여 이를 행하여라." 또 만찬을 드신 뒤에 같은 방식으로 잔을 들어 말씀하셨다. "이 잔은 너희를 위하여 흘리는 내 피로 맺는 새 계약이다."(루카 22,19-20)

예수님은 그분의 사명이 거의 끝날 무렵 우리에게 줄 가장 큰 선물을 준비하신다. 커다란 다락방 가운데 긴 나무 테이블이 놓여 있고, 거기에 예수님이 앉아 계신다. 그분 앞에는 물이 담긴 대야와 하얀 수건이 놓여 있다. 그분은 제자들의 발을 씻으신다. 찬찬히 애정을 가지고 그들의 발을 닦으신다. 발을 닦은 뒤 예수님은 제자들과 한자리에 앉으신다. "내가 고난을 겪기 전에 너희와 함께 이 파스카 음식을 먹기를 간절히 바랐다. 내가 너희에게 말한다. 파스카 축제가 하느님의 나라에서 다 이루어질 때까지 이 파스카 음식을 다시는 먹지 않겠다."

그러신 후 예수님은 빵과 포도주를 축복하신다. 빵과 포도주는 당신 몸과 피로 바뀌어 우리에게서 흐른다. 천사들이 예수님을 경배한다. 그 식탁에 환한 빛이 머문다.

우리가 본당에서 미사를 드리는 모습이 그 빛 안에서 보인다. 성모님처럼 우리는 일찍 도착했다. 우리 모두를 위해 기도하고 계신 성모님을 보자. 성모님은 부드럽게 우리 마음을 준비시키고, 성화시키며, 깨우쳐 주고, 치유해 준다. 미사에서 구약 성경이 봉독된다. 예레미야, 엘리야, 이사야가 메시아가 오시는 길을 준비하는 소리가 들린다. 그리고 복음이 선포된다. 예수님은 하느님 나라가 올 것에 대비시키며 죄인들에게 회개할 것을 전하신다. 예수님이 그곳에서 우리를 가르치시며, 우리를 위해 기도하시고, 치유하고 계신다. 사제가 물과 포도주 위에 기도를 드리고, 위대한 청원을 드린다. 겸손하신 예수님은 하느님 나라의 왕좌를 떠나 빵과 포도주 안에 오신다. 우리는 예수님께 온전히 집중하며 제단으로 나아가 사제 앞에 선다.

우리는 성체 안에 계신 예수님께 인사드리고 하늘의 만나를 나누어 받는다. 우리 몸이 한결 따스해진다. 새로운 평화가 우리를 감싸며 밝고 행복한 빛으로 빛난다. 우리는 세상의 빛과 하나 되고 하늘의 왕과 하나 된다. 그리고 우리는 신비스러운 사랑 안에서 주님이요 구세주인 예수 그리스도와 친밀하게 일치된다. 예수님은 우리의 치료자이자, 교사로서 우리 안에 계신다.

✝

 최초의 미사를 떠올려 보자. 예수님은 "내 안에 머물러라. 그러면 나도 너희 안에 머무르겠다."라고 말씀하신다. 어떻게 이런 일이 일어날 수 있는가? 보통 음식은 우리 몸과 피로 변한다. 하지만 성체는 우리 존재를 서서히 그리스도처럼 거룩한 존재로 바꾸어 준다. 우리는 은총의 상태에 있을 때 예수님 안에 머무른다. 그때 예수님도 우리 안에 머무르신다. 그렇게 우리는 특권을 받은 것이다. 하느님 어좌 곁에 있는 네 생물은 성체 안의 예수님을 영하지 못한다. 스물네 명의 원로들도 성체를 영하지 못한다(묵시 5,8 참조). 성인들과 천사들도 성체를 영하지 못한다. 우리 인간만이 성체에 계신 주 하느님을 몸과 마음에 받아들일 수 있다. 이는 엄청난 기쁨이요 축복이다.
 언젠가 어느 위대한 성인이 이렇게 말했다. "하느님이 하실 수 없는 것이 하나 있는데, 그것은 우리에게 이미 주신 것보다 더 많은 것을 주시는 것입니다. 그분은 성체 안의 온갖 사랑과 영광 그리고 장엄함 안에서 그분 자신을 주셨기 때문입니다." 성체는 가장 큰 활력을 주는 영적 양식이다. 비테르보의 로사 성녀는 다음과 같이 말하였다. "기도는 영혼에게 계시하며, …… 영혼을 빛과 힘과 위로로 채워 준다. 그리고 하늘에 있는 우리 고향의 고요한 축복을 미리 맛보게 해 준다." 영성체를 자주 영하다 보면 성체 안에 계시는 예수님의 엄청난 치유와 축복을 받게 된다. 가능한 한 자주 성체를 영하자. 그것이 가장 큰 기도다.

성모님은 맷돌로 갈아 생명의 빵에 가장 적합하게 된 밀가루다. 예수님은 성체의 축복을 무한히 만들어 내기 위해 돌아가신 낱알이다. 성령은 성자와 성부의 영이 품은 사랑의 결정체다. 성찬은 하느님의 사랑이며, 하느님이 인류를 위하여 준비하신 하늘의 잔치다. 성찬은 새로운 도성 예루살렘에서 이루어질 메시아의 혼인 잔치 전에 행해지는 최후의 만찬이다.

기뻐하고 즐거워하자. 예수님께 영광을 드리자. 어린양의 혼인 잔치가 다가왔다. 신부가 준비되었다. 곱디고운 아마포, 희고 깨끗한 아마포가 신부를 위해 준비되어 있다. 어린양의 혼인 잔치에 초대된 사람은 축복받은 사람이다. 하지만 준비하고 있자. 부름을 받은 사람은 많지만 선택된 사람은 적다.

성체라는 기적을 생각해 보자. 하느님의 '모든 것'은 우리가 받을 수 있는 최고의 선물이다. 그러니 그 선물을 가능한 한 경건한 마음으로 자주 받아 모시는 것이 얼마나 좋겠는가? 우리가 영성체를 대수롭지 않게 여길 때, 그리고 성체를 자주 영하지 않을 때, 예수님은 많은 고통을 받으신다. 성체를 영하고 나서 잠시 예수님께 인사를 드리자. 우리는 이보다 훨씬 보잘것없는 선물을 받고도 고맙다고 말한다. 하물며 무한한 선물을 주신 예수님에게는 얼마나 감사를 드려야 하는가?

당신의 몸과 피를 저희에게 주시는 예수님,
영원한 생명의 빵을 세세 대대로 내려 주심에 진심으로 감사드립니다.
당신은 가장 값진 선물인 당신 자신을 저희에게 주셨습니다.
생명의 빵이신 주님,
저희는 당신이 빵과 포도주 안에 참으로 계심을 믿습니다.
또한 성체를 영할 때마다 저희를 사랑하시는 하느님을
저희 안에 받아들임도 믿습니다.
당신이 약속하신 하느님 나라의 영원한 행복을
저희가 지상에서도 느낄 수 있도록
저희에게 매일 성체를 받아 모실 수 있는 은총을 내려 주소서.
우리 주 예수 그리스도의 이름으로 비나이다. 아멘.

빛의 신비에 대한 성인들의 묵상

성체성사는 하느님 나라에 이르는 가장 빠르고 안전한 길입니다. 그 밖에 순수함 같은 것도 있지만 그것은 어린이를 위한 것입니다. 물론 참회도 있습니다. 하지만 우리는 참회하기를 두려워합니다. 삶의 시련을 너그럽게 견디어 내는 것도 있습니다. 하지만 시련이 우리에게 닥쳐오면 울며불며 제발 피하게 해 달라고 조릅니다. 그러니 가장 확실하고 쉬운 지름길은 성체성사입니다. - 비오 10세 교황

강생에서 십자가 상 죽음에 이르기까지 예수님이 활동하시는 중에 항상 염두에 두셨던 것은 우리에게 성체성사의 선물을 주시는 것이었습니다. 즉, 영성체를 통하여 모든 그리스도인들과 인격적이고 육체적인 결합을 이루는 것이었습니다. 예수님은 그 안에서 당신 수난의 온갖 보물, 그분 인성의 거룩한 모든 덕, 그리고 그분 생애의 모든 공덕을 우리에게 나누어 주는 도구를 보셨습니다. - 베드로 율리아노 예마르 성인

그리스도는 의술이 좋은 의사처럼 인간의 나약함을 잘 알아보십니다. 그래서 무지한 사람들을 가르쳐 주시고, 잘못된 것을 당신의 참된 길로 되돌리기를 좋아하십니다. 신앙으로 사는 사람들, 순수한 눈과 거룩한 마음을 가진 사람들에게는 당신을 쉽게 드러내시고, 두드리는 사람들에게는 즉시 문을 열어 주십니다. - 히폴리토 성인

우리는 유혹에 빠질 때 하느님께 구해 달라고 기도합니다. 그런데 하느님은 우리의 기도를 듣지 않으시고 계속 그 유혹이 우리를 괴롭히도록 허용하실 때가 있습니다. 그런 경우에는 더 좋은 것을 주시기 위해 그렇게 하시는 것임을 깨달아야 하겠습니다. 유혹 중에 있는 영혼이 하느님께 도움을 청하고 그분의 도움으로 그 유혹에 저항할 때 우리는 완성에 도달하게 됩니다. - 알폰소 마리아 데 리구오리 성인

성체는 우리의 일용할 양식입니다. 매일 성체를 영하십시오. 성체는 당신에게 매일 좋은 일을 해 줄 것입니다. 성체를 매일 받아 모시는 데 합당한 삶을 사십시오. - 아우구스티노 성인

우리는 주님의 기도에서 '일용할 양식'을 달라고 청합니다. 교부들은 하나같이 '일용할 양식'을 몸을 지탱해 주는 물질적인 빵만이 아니라 성체성사의 빵으로도 이해해야 한다고 가르칩니다. - 비오 10세 교황

저는 어두운 눈물의 골짜기에서 이 비밀스러운 만나, 이렇게 맛있는 음식만 먹기를 바랍니다. - 가예타노 성인

주님, 저를 온전히 받아 주소서. 저의 모든 자유와 저의 기억과 지력, 저의 의지 소유한 이 모든 것을, 주님 당신에게 드리나이다. 이 모든 것 되돌려 드리오리다. 제게 주신 모든 것 주님의 것이오니 오직 주님의 뜻대로 처리하소서. 당신 사랑 은총을 저에게 주시면 아무것도 더 바람 없으오리다. - 로욜라의 이냐시오 성인

예수님은 당신 것을 모두 내어 주실 정도로 너그러우십니다. 더욱 놀라운 것은 그분은 당신을 통째로, 단 한 번이 아니라 우리가 원한다면 매일 주십니다. 신선한 영성체는 예수 그리스도가 당신을 가지고 만드시는 새로운 선물입니다. - 로욜라의 이냐시오 성인

사랑의 행위 안에서 불타오르는 하느님의 능력을 경배합시다.
- 베드로 율리아노 예마르 성인

우리는 성체를 최고로 경배해야 합니다. 이렇게 값진 하느님 사랑의 맹세를 변함없이, 끊임없이, 심오하게 마음 깊은 곳에서 경배해야 합니다. - 마리아 아 산타 에우프라시아 펠레티에르 성녀

예수님은 거룩함의 스승이십니다. 저는 성인이 되는 방법을 배우고 싶기 때문에 그분에게로 갑니다. 제가 거룩해지지 않는다면 학교에서 아무리 많은 것을 배운다 한들 무슨 소용이 있겠습니까?
- 프란치스코 살레시오 성인

그리스도를 받아들이기 전에 그분이 불쾌하게 여기실 만한 것, 즉 세속적인 집착을 마음에서 없애야 합니다. - 아우구스티노 성인

하느님은 은총의 상태에서 성체를 영하는 것을 가장 기뻐하십니다.
- 알폰소 마리아 데 리구오리 성인

오, 하느님! 당신의 한없는 사랑을 보면 이런 생각이 듭니다. 왜 당신을 사랑할 마음을 하나밖에, 그것도 이렇게 작고 비좁은 것으로밖에 주시지 않으셨습니까? - 필립보 네리 성인

하느님의 자비는 쏟아져 내리는 급류와도 같습니다. 그것은 모든 마음을 홍수 속에 씻어 버립니다. - 요한 마리아 비안네 성인

결혼 생활에는 다른 무엇보다 더 많은 덕과 일관성이 필요합니다. 그것은 끊임없는 극기의 실천입니다. - 프란치스코 살레시오 성인

하느님을 더 깊이 섬기고 싶다면 매일매일의 삶을 새로운 열정을 가지고 시작해야 합니다. 가능한 한 많이 하느님 현존 안에 머물러야 하고, 우리 행위 안에 하느님의 영광 외에 다른 견해나 목적을 가져서는 안 됩니다. - 가롤로 보로메오 성인

세상의 온갖 부를 지녔다 하더라도, 행복하게 일치되어 함께 살아가는 행복과는 비교할 수 없습니다. - 마리아 마르가리타 듀빌 성녀

우리 영혼을 향한 예수 그리스도의 사랑, 그 위대한 사랑은 말로 표현할 수 없을 정도로 위대합니다. 예수님은 그분에 대한 기억을 생생하게 간직하려면, 그분의 종들이 그분과 맺은 맹세 외에 다른 어떤 맹세도 해서는 안 된다고 하셨습니다. - 알칸타라의 베드로 성인

죄를 지으면서 고해성사를 보겠다고 스스로를 속이는 사람을 닮지 마십시오. 고해성사를 할 시간이 있다고 어떻게 장담할 수 있겠습니까? 의사에게 치료를 받을 수 있다고 해서 스스로에게 상처를 내는 것은 미친 짓이 아닙니까? - 요한 보스코 성인

보속으로 바쳐진 희생과 고통에 의해서만 하느님의 은총으로 죄인들을 회개시킬 수 있습니다. - 요한 마리아 비안네 성인

성인들은 하늘의 별과도 같습니다. 그들이 원한다면 그리스도는 그들을 다른 사람들 앞에 비치지 않게 감추어 주십니다. 하지만 성인들은 그리스도의 초대를 받자마자 조용한 관상 대신 자비를 베풀 준비를 항상 갖추고 있습니다. - 파도바의 안토니오 성인

예수님께 가십시오. 그분은 여러분을 사랑하십니다. 은총을 듬뿍 주시기 위해 여러분을 기다리고 계십니다. 그분은 제대 위에서 경배하고 기도하는 천사들에게 둘러싸여 계십니다. 천사들에게 여러분의 자리도 만들어 달라고 청하고, 그 천사들과 함께 경배하고 기도합시다.
- 마리아 요세파 로셀로 성녀

죄에 사로잡힌 것이 있다면 그것이 아무리 가벼운 것이라 할지라도 거기서 벗어나기 위해, 그리고 가장 완벽한 것을 행하기 위해 온갖 노력을 기울여야 합니다. - 예수의 데레사 성녀

참회는 세례의 갱신이자 제2의 인생을 위해 하느님과 맺은 계약입니다. - 요한 클리마코 성인

죄를 지었다면 즉시 회개하고 보속하세요. 중죄일수록 될 수 있는 대로 빨리 고해성사를 보세요. - 알폰소 마리아 데 리구오리 성인

그리스도는 사랑하십니다. 그리스도는 희망하십니다. 그리스도는 기다리십니다. 그리스도가 어떤 날을 정해 놓고 그날만 제대 위에 내려오신다고 가정해 봅시다. 회개한 죄인들은 그분을 찾아 헤매다가 발견하지 못하면, 기다려야 할지도 모릅니다. 하지만 우리 주님은 한 순간이라도 죄인을 기다리게 하시지 않습니다. 오히려 죄인을 위하여 여러 해 동안 기다리기를 택하셨습니다. - 베드로 율리아노 예마르 성인

고해성사를 하고 나서 당신이 용서받은 것에 대해 하느님께 감사드리고, 다시는 그분 마음을 상하게 해 드리지 않겠다고 새롭게 결심하며, 죄지을 만한 가능성을 모두 피하세요. 그리고 항구할 수 있도록 마리아와 예수님께 기도하세요. - 알폰소 마리아 데 리구오리 성인

분노를 억제시키고, 교만을 물리치고, 악의 상처를 치유하고, 방종을 구속하고, 열정을 식히고, 악감정을 저지하고, 불결한 생각을 떨쳐 버릴 수 있는 것은 예수님의 이름밖에 없습니다. - 베르나르도 성인

나를 생각하는 모든 사람의 마음에 그리스도가 계십니다.
나를 보는 모든 눈 안에 그리스도가 계십니다.
내 말을 듣는 모든 귀 안에 그리스도가 계십니다.
- 파트리치오 성인

그리스도의 이름으로 날인된 우리 사이에서만 믿음이 존엄한 것은 아닙니다. 세상 모든 일도, 교회 밖에 있는 사람들이 행하는 모든 일도 믿음에 의해 이루어집니다. 결혼의 법은 서로 낯설었던 사람들을 믿음으로 일치시킵니다. 농업도 믿음에 의하여 유지됩니다. 인간은 수확을 거둘 것이라는 믿음이 없으면 땅을 일구는 노고를 견뎌 낼 수 없기 때문입니다. 고기 잡는 어부들도 믿음이 있기에 작은 조각배를 타고 바다로 나갈 수 있습니다. 이런 일은 우리에게만 적용되는 것이 아닙니다. 내가 말했듯이 우리 밖에 있는 사람들에게도 해당됩니다. 비록 성경을 받아들이지 않고 자기들 나름대로 어떤 교리를 발전시킨다 하더라도, 그것조차 신앙에서 받아들이기 때문입니다.
- 예루살렘의 치릴로 성인

진리를 알기 위해서는 하느님의 도움이 필요합니다. 하느님은 지성을 행동으로 옮기도록 영감을 주십니다. 하지만 자연적인 지식을 초월하는 것이 아니라면, 만사에 담긴 진리를 알기 위해서 새로운 빛을 찾을 필요는 없습니다. - 토마스 아퀴나스 성인

악마의 공격을 물리치는 데 영성체는 아주 강력하고 필수적인 방법입니다. 성체 안에 계신 예수님을 자주 방문하세요. 그러면 악마가 힘을 쓰지 못할 것입니다. - 요한 보스코 성인

오늘

그리스도는 나의 방패가 되어 주십니다.

그리스도는 나와 함께 계십니다.

그리스도는 내 앞에 계십니다.

그리스도는 내 뒤에 계십니다.

그리스도는 내 안에 계십니다.

그리스도는 내 아래 계십니다.

그리스도는 내 위에 계십니다.

그리스도는 내 오른편에 계십니다.

그리스도는 내 왼편에 계십니다.

내가 누울 때 그리스도도 함께 누우십니다.

내가 일어날 때 그리스도도 함께 일어나십니다.

성체는 눈으로 볼 수 있는 그리스도입니다. 가난하고 아픈 사람 역시 눈으로 볼 수 있는 그리스도입니다. - 제라르도 마젤라 성인

하늘의 잔치에 가듯이 성체조배를 하십시오. 그러면서 스스로에게 말하십시오. "네 시간 후, 두 시간 후, 한 시간 후, 주님은 은총과 사랑으로 내 말을 들어 주실 거야. 주님은 나를 초대하셨어. 주님은 나를 기다리고 계셔. 주님은 나를 원하고 계셔." - 베드로 율리아노 예마르 성인

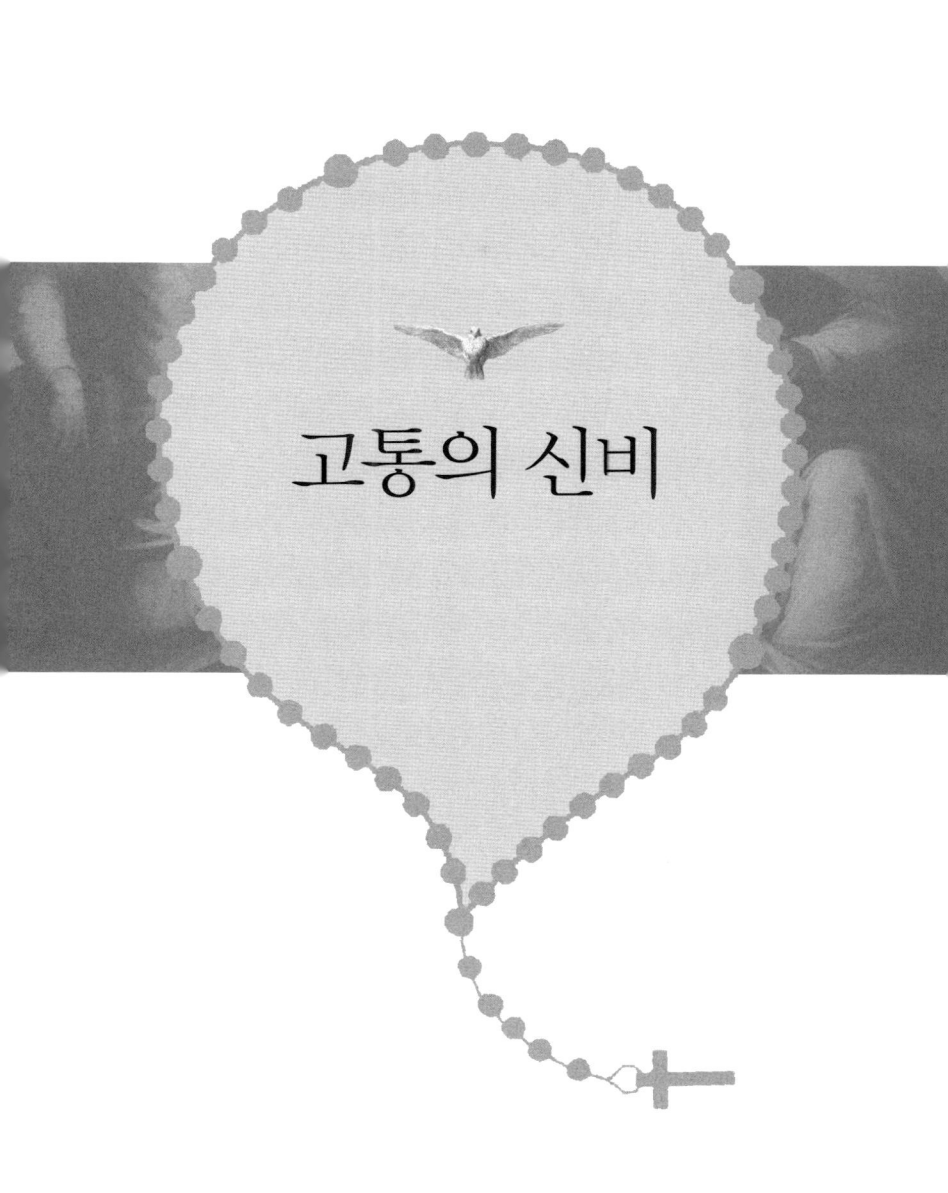

고통의 신비

고통의 신비 1단

예수님께서 우리를 위하여 피땀 흘리심을 묵상합시다

예수님께서 고뇌에 싸여 더욱 간절히 기도하시니, 땀이 핏방울처럼 되어 땅에 떨어졌다(루카 22,44).

저녁이 되자 밤이슬이 무겁게 떨어진다. 예수님이 제자들의 발을 씻어 주고 성체성사를 제정하신 그 밤이다. 예수님은 성전 사제들이 자기를 죽이려고 찾고 있다는 사실과 유다가 자신을 배신하려 한다는 사실을 알고 계신다. 예수님은 깊은 생각에 잠겨 천천히 올리브산으로 올라가신다. 그분은 베드로와 제자들에게 조금 떨어진 곳에서 기도하라고 하신다. 그러고는 예루살렘의 불빛들을 내려다보신다. 그리고 돌아서서 커다란 바위에 얼굴을 묻고 무릎을 꿇은 채 깊이 탄식하며 기도하신다. 성부께 드리는 열렬한 기도다. 예수님은 성부께 사탄, 세상, 육욕, 나약함으로부터 인간을 구해 달라고 기도하신다.

예수님은 흐느끼기 시작하신다. 갈등을 느끼고, 흔들리신다. 팔을 하늘 높이 들어 올리신다. 눈물을 흘리며 기도하신다. 그분은 지극한 고통 중에 있으시다. 몇 시간이나 흘렀을까? 예수님은 겉옷을 꽉 잡고 눈물을 닦으며 베드로에게 다가가신다.

그런데 베드로와 다른 제자들은 불을 피운 다음, 따뜻한 기운에 몸을 녹이다가 피로와 식곤증을 느끼고 슬픔에 지쳐서 깊이 잠들었다. 모두 잠든 모습을 보고 예수님은 기도하라고 간청하신다. 두 번이나 그렇게 하신다. 그리고 커다란 바위로 돌아가서 기도하신다. 아주 밝은 빛이 나타나 예수님의 머리 위에 머문다. 그 빛은 점점 더 밝아진다. 예수님을 위로하러 온 천사다. 천사는 예수님이 수난과 죽음으로 구하게 될 영혼의 이름을 하나하나 부른다. 장엄한 광경이다. 사랑의 임금이 하늘로부터 위로를 받으면서 천상의 빛에 감싸여 있다. 사명을 완수한 뒤 그 빛은 서서히 사라진다.

예수님은 제자들에게 돌아가 "사탄은 절대 잠들지 않는다."라고 하면서 일어나라고 재촉하신다. 그리고 "나의 때가 왔다."라고 선포하신다. 잠을 자고 있던 제자들은 서둘러 일어나 다른 제자들도 깨워 떠나려 한다. 그때 여기저기서 불빛이 나타나 이리저리 흔들리며 다가온다. 갑자기 사제들과 성전 경비대 한 무리가 횃불과 밧줄, 몽둥이를 손에 들고 몰려왔다. 유다가 그들을 안내한다.

유다가 예수님의 뺨에 입을 맞춘다. 예수님이 유다에게 이르신다. "친구야, 네가 하러 온 일을 하여라."

베드로는 예수님의 말을 듣고 저항하라는 의미라 생각하고 용감하게 칼을 뽑아 휘두른다. 한 병사가 밧줄을 휘두르며 옆으로 펄쩍 뛰어 피한다. 베드로의 칼에 그 병사의 귀가 거의 떨어져 나갔다. 그러자 예수님은 베드로가 하느님의 뜻을 제대로 이해하지 못했다고 꾸짖으신다. "칼을 칼집에 도로 꽂아라. 칼을 잡는 자는 모두 칼로 망한다. 너는 내가 내 아버지께 청할 수 없다고 생각하느냐? 청하기만 하면 당장에 열두 군단이 넘는 천사들을 내 곁에 세워 주실 것이다. 그러면 일이 이렇게 되어야 한다는 성경 말씀이 어떻게 이루어지겠느냐?" 그리고 예수님을 잡으러 온 무리에게도 말씀하신다. "너희는 강도라도 잡을 듯이 칼과 몽둥이를 들고 나를 잡으러 나왔단 말이냐? 내가 날마다 성전에 앉아 가르쳤지만 너희는 나를 붙잡지 않았다." 그때에 제자들은 모두 도망갔다. 그곳에는 예수님 혼자만 남아 있었다. 이렇게 은전 서른 닢으로 유다가 예수님을 배반한 밤이 시작된다. 3년 동안 그렇게도 많은 것을 베푼 예수님이 밧줄에 묶인 채 끌려가신다.

예수님은 해마다 과월절에 마리아와 기도하던 그 성전 마당에서 심문을 받으신다. 재판을 맡은 사람은 사악한 대사제 한나스와 제사장 카야파다. 그들은 유다를 통해 예수님의 행방을 이미 알고 있었고 성전지기들에게 체포하도록 지시해 둔 터였다.

✝

    오늘날 우리가 사는 세상에서는 예수님이 안전하실까? 아니면 모두가 예수님을 버리고 도망쳐서 예나 지금이나 똑같은 운명에 처하실까? 중요한 것은 우리가 영적으로 얼마나 강한가 하는 것이다. 언제 어디서나 호시탐탐 선한 것을 공격하여 무너뜨리고자 하는 미묘한 세력에 저항하겠는가, 아니면 그저 수수방관 바라보고 있겠는가?

    예수님은 자신이 십자가에서 엄청난 고통을 겪고, 친구들과 제자인 유다로부터 배신당할 것임을 알고 계셨다. 하지만 성모님과 예수님은 항상 죽음의 문턱에 서 있는 것 같은 불안한 영혼인 유다에게 아무런 반감을 품지 않으셨다. 오히려 유다를 위하여 기도하고 끝까지 그의 마음을 돌리려 애쓰셨다. 예수님은 당신을 배신하는 사람에게도 끊임없이 적극적인 사랑을 보여 주신다. 우리도 부모, 배우자, 자녀, 친구, 그리고 곤경에 처한 사람들에게 한결같은 사랑을 보여 주고 있는가? 원수처럼 나를 괴롭히는 이들을 위해서는 어떠한가?

    예수님이 앞으로 어떤 고통을 겪으실지 상상하며 고뇌하시는 모습을 그려 보자. 그분의 신성은 기꺼이 앞으로 나아가고자 하지만, 인성은 다가올 고통에 흠칫 물러난다. 그분은 수난과 십자가를 끔찍하게 두려워하시지만, 세상의 구원을 위해서는 기꺼이 품어 안으려 하신다.

예수님은 자신이 고통스럽게 고문받고 죽어 가는 모습을 어머니가 보실 거라는 생각을 하며 고뇌하신다. 사랑하는 사람이 앓고 있는데 우리 힘으로 어찌할 도리가 없을 때 우리는 극심한 고통을 느낀다. 성모님처럼 속수무책일 때도 있다. 예수님은 가슴이 찢어지는 듯한 고통을 느꼈지만 성부의 뜻을 따르기로 하셨다.

우리도 하느님의 뜻을 따르겠다고 하면서 인간적으로는 저항하게 된다. 이와 같이 소용돌이치는 고뇌로 인해 괴로웠던 적이 있는가? 있다면 언제인가? 그러한 경험 때문에 마음에 상처가 된 적이 있는가? 그렇다면 예수님께 지금 치유해 달라고 청하자. 예수님은 이 고통의 신비 1단을 통하여 우리 마음속에 있는 고뇌와 상처, 고통을 기꺼이 치료해 주신다. 자신의 괴로움 가운데 예수님을 모시고, 자신을 그 고통에서 풀어 달라고 청하자. 그분은 갇힌 자들을 풀어 주려고 오지 않으셨던가?

우리를 위하여 수난을 당하신 예수님,
주님의 수난을 묵상하면 마음이 쓰라립니다.
저희는 성모님과 주님을 따르던 이들이 겪어야 할 고통을 생각하며
주님께서 얼마나 고뇌하며 고통스러워하실지 깨닫습니다.
다정한 구원자이신 예수님,
주님을 고뇌에 빠뜨린 인간에 대한 사랑으로
저희가 고통 중에 있을 때 자비를 베풀어 주소서.
저희를 도와주실, 위로자이신 성령을 보내 주소서.
우리 주 예수 그리스도의 이름으로 비나이다. 아멘.

고통의 신비 2단

예수님께서 우리를 위하여 매 맞으심을 묵상합시다

빌라도는 예수님을 데려다가 군사들에게 채찍질을 하게 하였다(요한 19,1).

   대사제들은 예수님을 본시오 빌라도에게 넘기고, 빌라도는 헤로데가 심판하도록 그분을 보낸다. 그런데 헤로데에게 갔던 로마 백부장이 빌라도에게 돌아와 헤로데가 예수님을 다시 돌려보냈다고 말하면서, 무슨 일이 일어났는지 보고한다. 빌라도는 이 일을 어떻게 처리해야 할까 고민하다가 이렇게 말한다. "여러분은 이 사람이 백성을 선동한다고 나에게 끌고 왔는데, 보다시피 내가 여러분 앞에서 신문해 보았지만, 이 사람에게서 여러분이 고소한 죄목을 하나도 찾지 못하였소. 헤로데가 이 사람을 우리에게 돌려보낸 것을 보면 그도 찾지 못한 것이오. 보다시피 이 사람은 사형을 받아 마땅한 짓을 하나도 저지르지 않았소. 그러니 이 사람에게 매질이나 하고 풀어 주겠소."

하지만 군중은 분노하여 더욱 큰 소리로 외친다. "그자를 십자가에 못 박으시오! 십자가에 못 박으시오!" 그러자 빌라도는 축제 때마다 한 사람을 풀어 주는 관례가 있음을 떠올리고, 그들에게 예수를 풀어 주는 것은 어떻겠느냐고 물어본다. 그러자 군중은 일제히 소리를 지른다. "그자는 없애고 바라빠를 풀어 주시오." 바라빠는 반란과 살인을 일삼아 감옥에 갇혀 있던 자였다. 빌라도는 다시 말한다. "도대체 이 사람이 무슨 나쁜 짓을 하였다는 말이오? 나는 이 사람에게서 사형을 받아 마땅한 죄목을 하나도 찾지 못하였소. 그래서 이 사람에게 매질이나 하고 풀어 주겠소." 빌라도나 유다인이나 매질이 얼마나 고통스러운 형벌인지 알고 있다. 그렇기 때문에 빌라도는 이렇게 끔찍한 벌이면 피에 굶주려 날뛰는 군중을 충분히 만족시킬 수 있을 것이라고 생각한 것이다. 하지만 격노한 군중은 더욱 큰 소리로 외친다. "아니오! 십자가에 못 박으시오! 십자가에 못 박으시오!"

이제 빌라도는 하느님의 분노보다 군중이 더 무서워진다. 그는 유다인들에게 말한다. "알았소. 그대들 뜻대로 하시오." 그러고는 유다인들을 뒤로하고 관저로 들어간다. 예수님은 군사들에게 이끌려 매를 맞으러 총독 관저 앞마당으로 끌려가신다. 많은 사람이 군사들의 채찍질에 죽었다. 예수님도 사람들이 그렇게 죽어 가는 모습을 보았을지도 모른다. 예수님은 그렇게 끔찍한 형벌을 겪어야 한다는 것을 잘 알았지만 기꺼이 앞으로 나아가신다. 애통하게도 예수님이 인간으로서 지금 할 수 있는 일은 아무것도 없다.

군사들은 예수님의 웃옷을 벗긴다. 그리고 의자에 올라서서 천장에 커다란 쇠고랑을 매단 다음 예수님의 손을 거기에 단단히 묶는다. 거칠고 건장하게 생긴 군사 두 사람이 채찍을 휘두르면서 비웃음을 지으며 들어온다. 한 사람은 예수님 앞으로 오고, 한 사람은 뒤로 간다. 그러고는 마치 북을 치듯이 박자에 맞추어 채찍을 내리치기 시작한다. 그들은 쇠가죽 끈 끝에 달려 있는 쇠공과 갈고리를 거칠게 휘두르며 채찍질을 한다.

예수님의 몸에서 선홍색 피가 흐르자 그들은 더욱 미친 듯이 채찍질을 해 댄다. 더욱 세게, 더욱 빠르게, 더욱 격렬하게 채찍을 휘두른다. 쇠공과 갈고리로 예수님을 연달아 내리친다. 시간이 지나자 예수님은 의식을 잃기 시작한다. 축 늘어진 몸이 천장에 달린 쇠고랑에 매달려 있다. 예수님의 살갖이 가죽 채찍에 맞아 갈기갈기 찢어졌다. 대사제 한나스의 집에서 끌려올 때 몸을 묶고 있던 끈 때문에 부풀어 있던 횡격막이 이제는 더욱 부어올랐고 맨살은 뜨거운 숯처럼 타오른다. 온몸이 이리저리 찢기고 시커멓게 멍이 든다. 머리에서 발끝까지 피가 난다. 예수님의 어깨에서 첫 번째 살 조각이 떨어져 나온다. 쇠가죽 끈의 날카로운 갈고리에

뜯긴 것이다. 이제 그들은 더욱 격렬하고 빠르게 채찍질을 한다. 맨살이 터지고 피가 솟구친다.

몇 분 되지 않은 시간이지만 몇 시간은 된 것 같다. 그때 지친 군사들에게 쉬라는 명령이 내려진다. 예수님이 죽은 것처럼 보이기 때문이다. 그들은 예수님의 결박을 풀어 준다. 예수님은 단단한 대리석 바닥에 쓰러지신다. 예수님은 목숨이 끊어지지 않으셨지만 온몸이 상처와 멍투성이다. 맨살 여기저기서 선홍색 피가 솟구친다. 한 군사가 예수님이 죽었는지 살았는지 알아보기 위해 발로 툭툭 찬다. 예수님의 손가락이 미세하게 움직인다.

서서히 의식을 되찾은 예수님이 무릎으로 일어나려고 안간힘을 쓰신다. 그러자 군사들은 예수님의 손목을 다시 묶는다. 잠시도 쉴 틈을 주지 않는다. 예수님은 반쯤 정신을 잃은 채 바깥으로 끌려 나온다. 그야말로 이사야 예언자가 묘사한 '고통받는 종'의 모습이다.

†

우리는 주님과 성모님을 본받아 불쌍한 영혼들을 위하여 고통받고 기도하는가? 예수님은 본시오 빌라도에게 매질을 당하셨다. 빌라도는 예수님이 죄가 없다는 것을 잘 알고 있었다. 그리고 죄 없는 희생자에게 매질을 하는 것이 부도덕한 일이라는 것도 잘 알고 있었다. 하지만 세상의 압력에 굴복했다. 예수님을 놓아줄 힘이 있었지만, 자신의 권력과 지위를 잃을까 겁이 나서 자신의 의무를 등한시한 것이다.

우리는 모두 질서와 정의 그리고 사랑 안에 살도록 부르심 받았다. 예수님은 죄인들을 구원하기 위하여 매질을 당하셨다. 그렇지 않으면 그들을 잃을 터였기 때문이다. 성모님도 이와 같은 목적을 가지고 바로 오늘날까지 고통받으며 기도하고 계신다. 아직도 많은 죄가 계속 범해지고 있기 때문이다.

당신의 고통을 예수님과 성모님의 고통에 일치시킬 수 있는가? 살아가면서 겪는 고통과 불편을 인내롭게 견딜 수 있는가? 지금 당신 삶에서 가장 고통스러운 것은 무엇인가? 그것을 예수님의 고통과 일치시키자. 죽음은 가장 완벽한 사랑이다. 그 완벽한 사랑을 예수님과 함께 나눈다면 구원에 보탬이 될 것이다. 예수님께 당신이 겪을 고통을 바칠 수 있는 은총을 청하자. 당신의 모든 고통을 예수님께 바치고, 많은 사람이 회개의 은총을 받을 수 있도록 예수님과 고통을 겪는 동안 더욱 기도하자.

특히 배우자와 자녀를 위하여 기도하자. 우리는 가까운 사람에게서 상처 받기 쉽고 그들에게 상처 주기도 쉽기 때문이다. 하느님은 모든 상처를 치유해 주신다. 하지만 우리가 고통을 이겨 낸 것을 상기시키기 위해 상처는 남겨 놓으신다. 그 상처들은 언젠가 새로운 예루살렘의 빛 속에서 빛나게 될 것이다.

저희를 위하여 매 맞으신 예수님,
저희가 주님의 고통을 더 자주, 더 깊이
묵상하도록 도와주소서.
주님을 본받아 저희가 겪는 고통을
신자가 아닌 사람들과 죄인들을 위해서
그리고 연옥 영혼들을 위해서 바치게 해 주소서.
그리하여 이 고통을 당신의 고통과 일치시켜 주소서.
우리 주 예수 그리스도의 이름으로 비나이다. 아멘.

고통의 신비 3단

예수님께서 우리를 위하여 가시관 쓰심을 묵상합시다

그때에 총독의 군사들이 예수님을 총독 관저로 데리고 가서 그분 둘레에 온 부대를 집합시킨 다음, 그분의 옷을 벗기고 진홍색 외투를 입혔다. 그리고 가시나무로 관을 엮어 그분 머리에 씌우고 오른손에 갈대를 들리고서는, 그분 앞에 무릎을 꿇고 "유다인들의 임금님, 만세!" 하며 조롱하였다(마태 27,27-29).

    채찍질이 끝나자 예수님을 지키던 군사 한 사람이 말한다. "이제 슬슬 지루해지는걸? 이제 이자를 데리고 무얼 하는 게 좋을까?" 다른 군사가 말한다. "유다인들은 임금을 원한다고. 그러니 그들에게 임금을 만들어 주자." 그 군사는 서둘러 바깥뜰로 나가 산사나무 덤불에서 가지를 꺾어 온다. 다른 군사들은 단단한 칼로 나뭇잎을 벗겨 내는 일을 도와준다. 그들은 산사나무 가지에 가시만 남긴다. 그들은 우악스럽게 가지를 엮어서 둥근 모양의 왕관을 만든다. 수많은 가시가 앞뒤로 엮어져 보기만 해도 눈살이 찌푸려진다. 그들은 예수님의 머리 위에 이 날카로운 가시관을 올려놓는다. 하지만 생각보다 너무 커서 가시관은 목까지 떨어져 버린다. 군사는 화가 나서 가시관을 거칠게 빼 버린다. 그렇게 하는 과정에서 예수님의 얼굴에는 상처가 나고 눈도 찢어진다. 하지만 그들은 짜증 난다며 저주를 퍼부어 댔고 더욱 거칠게 왕관을 다시 만든다. 군사들이 한참을 애써 왕관을 좀 더 작게 만든 다음 예수님의 머리에 씌우자 이번에는 너무 작아 굴러떨어진다.

군사들이 세 번이나 왕관을 만들어 씌웠다 벗겼다 했는데, 그럴 때마다 예수님의 살점이 벗겨지고 머리카락이 뽑혀 나간다. 마지막으로 만든 왕관은 잘 맞는다. 그들은 그 왕관을 세게 누르고는 뒤로 물러서서 자신들의 작품을 흐뭇하게 감상한다. 예수님은 고개를 떨구신다. 끔찍하게 고통스러운 일이지만 예수님은 병사들의 조롱과 모욕을 묵묵히 견디신다.

가시관을 만들자는 제안을 한 병사는 이제 왕관을 쓴 예수님이 참으로 멋지게 보인다고 놀려 대기 시작한다. 그런데 왕관을 쓴 것만으로는 임금이 될 수 없다고 여긴 그는 잠시 궁리한 끝에 다른 군사에게 말한다. "왕의 홀을 쥐여 주고 왕이 입는 진홍색 옷을 입히자!" 군사들은 왕의 홀이 될 만한 것을 찾아보지만 별다른 것이 없다. 그래서 그들은 갈대를 예수님의 오른손에 쥐여 주고 진홍색 누더기를 어깨에 걸쳐 준다. 뭐가 되었든 간에 예수님에게는 크나큰 굴욕이었다.

군사 한 사람이 능글맞게 웃으면서 창대로 미친 듯이 예수님의 머리를 내리치기 시작한다. 다른 군사들은 박장대소하며 손뼉을 친다. 창대로 머리를 치자 가시관에 박힌 가시가 더욱 깊이 박히고 살갗이 더 길게 찢어진다. 예수님을 내리칠 때마다 가시관이 움직이기 때문이다. 다른 군사가 손으로 예수님의 뺨을 때리며 "유다인들의 임금님, 만세!"라고 외친다. 예수님은 아무 말도 하지 않는다. 고개를 들고 자기를 놀리고 있는 군사들을 슬픈 눈으로 그윽이 바라본다. 군사들은 죄수를 빌라도에게 데려가라는 상사의 명령이 내려질 때까지 예수님을 계속 이렇게 다룬다.

머리에 가시관을 쓰고 어깨에 진홍색 누더기를 두른 채 예수님은 빌라도에게 끌려간다. 빌라도는 만신창이가 된 예수님을 바라보며 난폭한 군중에게 말한다. "자, 이 사람이오." 그들은 예수님을 보자 더욱 자세히 보고 싶다고 외친다. 예수님은 사람들 앞으로 끌려 나온다. 그들은 예수님의 모습을 보고도 부족하다고 느끼고 "십자가에 못 박으시오! 십자가에 못 박으시오!" 하고 더욱 크게 외친다. 빌라도는 그들에게 다시 말한다. "여러분이 데려다가 십자가에 못 박으시오. 나는 이 사람에게서 죄목을 찾지 못하겠소."

이제 군중은 더욱 늘어 천 명이 족히 넘는다. 예수님은 그들을 응시하신다. 그리고 친근한 얼굴을 찾으신다. 몇 명이나 될까? 거의 찾기 힘들다. 예수님의 눈에는 슬픔이 고여 있다. 또다시 빌라도가 말한다. "보시오, 여러분의 임금이오. 여러분의 임금을 십자가에 못 박으라는 말이오?" 그러자 수석 사제들은 빌라도에게 무슨 소리냐는 듯 대답한다. "우리 임금은 황제뿐이오." 이 대답을 들은 빌라도는 예수님을 십자가에 못 박으라고 군중에게 넘겨주고 만다.

†

로마법이나 유다법에는 가시관을 씌우는 규정이 없었다. 그것은 인간들이 스스로 만든 것이다. 예수님이 가시관을 쓰시고 우리 앞에 서 계신다고 상상해 보자. 가시가 그분 살갗을 찢고 머리에 박혀 피가 계속 흘러내린다. 너무나 고통스러워 몸을 비틀면, 가시가 머릿속을 더욱 파고들어 잠시라도 머리를 기댈 수조차 없다.

하느님은 인간을 만들어 놓고 가장 마음에 들어 하셨는데, 그토록 우리를 사랑하는, 죄 없으신 그 하느님을 인간들은 이렇게 끔찍하게 대했다. 이는 죄 때문이다. 뿌리 깊은 악 때문에 인간이 하느님을 그렇게 대한 것이다. 죄는 우리를 영적으로 나약하게 만들고 타락을 쾌락으로 여기게 한다. 그러니 기회가 있을 때마다 우리 안에 있는 잔인함과 부정함에 저항하고 기도하자. 우리가 부당한 대접을 받을 때에는, 인자하신 하느님의 어깨 위에 놓인 인간들의 죄의 짐을 덜어 드리기 위해 예수님처럼 희생양이 되었다고 생각하자.

예수님이 가시관을 쓰신 이 신비 안에서 예수님의 엄청난 고통을 보며, 아픔을 견딜 수 있는 은총을 달라고 청하자. 아픔 때문에 제대로 생각하지 못하고, 기쁘게 생활하지 못할 때, 이러한 고통을 주님께 바칠 수 있도록 노력하자. 또한 육체적인 고통뿐만 아니라 정신적인 고통도 치유해 달라고 예수님께 청하자. 그리고 어차피 견뎌야 할 고통이라면 그 고통을 가족이나 친구, 이웃의 치유를 위해 봉헌하자.

저희를 위해 가시관 쓰신 주 예수님,
법에도 없는 괴로운 가시관은 저희의 뿌리 깊은 악을 상징하오니
타락을 쾌락으로 여기는 저희의 잘못을 주님께서 바로잡아 주시어
당신에게서 멀어지게 만드는 불의를 멀리하게 해 주소서.
저희의 치유자이신 예수님,
당신이 흘리신 피와 땀으로 저희가 아픔을 견디어 내듯이

저희가 겪고 있는 아픔을 당신께 바치오니
저희의 아픔으로 다른 이들의 고통을 덜어 주시고,
저희가 그 아픔으로 다른 사람들을 깊이 이해할 수 있게 해 주소서.
우리 주 예수 그리스도의 이름으로 비나이다. 아멘.

고통의 신비 4단

예수님께서 우리를 위하여 십자가 지심을 묵상합시다

예수님께서는 몸소 십자가를 지시고 '해골 터'라는 곳으로 나가셨다. 그곳은 히브리 말로 골고타라고 한다(요한 19,17).

예수님이 십자가를 지고 골고타로 향하신다. 십자가 행렬이 계단을 내려갈 때 예수님이 지신 십자가는 계단에서 통통 튄다. 예수님은 이를 붙잡으려 애를 쓰시지만 애를 쓰면 쓸수록 숨이 막혀 온다. 길가에는 군중이 기다리고 있다. 군중은 예수님의 모습을 보자 손뼉을 치며 좋아한다. 그들은 피를 보자 더욱 신이 나서 웃어 댄다.

메마른 길이 예수님 앞에 놓여 있다. 지친 예수님은 숨을 헐떡거리신다. 그러다 예수님이 넘어지자 무거운 십자가가 예수님의 몸 위를 덮치고 나서 바닥에 떨어진다. 군중이 떠드는 소리 너머로 쿵 하는 소리가 들리며, 예수님의 머리에 가시관이 더욱 깊이 박힌다. 예수님은 일어나려고 애를 쓰신다. 하지만 십자가가 너무 무거워서 그럴 수 없다. 그러자 군사들이 수레를 끌고 가던 사람을 불러 세우고는 이름을 묻는다. "키레네 사람 시몬이오." 그가 대답한다. "이 십자가를 대신 져라." 군사는 시몬에게 명령한다. 시몬은 잠시 망설이더니 돌아서서 예수님을 돕는다. 예수님을 따라오던 어떤 여성이 흰색 수건을 예수님께 건넨다. 예수님은 그 여성의 도움으로 간신히 피땀을 닦아 내신다.

십자가를 지고 가던 예수님이 다리에 힘이 풀려 두 번째로 넘어지신다. 십자가의 무게에 짓눌린 예수님은 시몬의 도움으로 간신히 일어나신다. 예수님에게는 잠시 숨을 돌릴 시간이 생긴다. 그 잠깐을 예수님은 통곡하며 자신을 따라오는 여인들을 위로하는 데 사용하신다. "예루살렘의 딸들아, 나 때문에 울지 말고 너희와 너희 자녀들 때문에 울어라." 다시 군사들이 앞으로 가라고 재촉하자 예수님은 피투성이 어깨 위에 십자가를 올려놓고 계속 걸어가신다.

몇몇 목자들과 함께 한 여성이 길에 서 있다. 예수님의 십자가가 그리로 가까이 다가선다. 그 여성은 바로 어머니인 마리아다. 마리아의 시선은 예수님에게 못 박힌 채 움직이지 않는다. 마리아는 예수님만을 눈으로 좇고 있다. 매를 맞고 가시관을 썼기에 엉망이 된 예수님의 모습을 보며 마리아는 충격을 받아 숨이 쉬어지지 않는다. 마리아의 얼굴이 죽은 사람처럼 창백해진다. 몸이 휘청거려 서 있을 수가 없다. 그러나 예수님은 기진맥진한 모습임에도 어머니를 아주 다정하게 바라보신다. 뺨은 쑥 들어가 수척하고, 온 얼굴에는 피가 흘러내리고 있으며, 얼굴은 핏기 하나 없이 창백한 모습이다. 게다가 여기저기 얻어맞아 일그러지고 퉁퉁 부어 있다.

그때 마침 예수님이 다시 넘어지신다. 어머니를 보고 마음이 흔들렸기 때문일까. 십자가와 함께 예수님은 완전히 나뒹구신다. 마리아의 마음도 예수님과 함께 나뒹굴고 있다. 예수님은 너무나 고통스럽고 지쳐서 몸을 펴지 못하신다. 죽어 가는 모습이다. 눈은 반쯤 감기고 숨을 쉬기 힘들어 보이신다. 사랑하는 어머니를 바라보던 눈길이 멍하기만 하다. 마리아는 이를 보고 터져 나오는 오열을 그저 속으로 집어삼키고 있다.

†

이제 고통의 신비 중에 있는 예수님을 보라. 그분은 엄청난 무게의 십자가를 지고 죽음을 향해 가고 있다. 그 십자가로 인해 살은 더 찢기고 가시는 더 깊이 머리를 파고든다. 로마 병사의 명령으로 키레네 사람 시몬이 예수님을 도왔다는 사실만 보아도, 우리 주님이 얼마나 절망적인 상태에 있었는지 알 수 있다.

우리도 살아가면서 엄청난 고통을 겪을 때가 있다. 그 고통은 자신 때문만이 아니라 배우자나 자녀, 친척이나 친구 때문일 수 있다. 혹은 알콜이나 마약, 도박과 같은 중독 때문일 수 있다. 아니면 교만이나 어리석음 때문일 수 있고 질병 때문일 수도 있다. 하지만 원인이 어떤 것이든 고통에는 모두 엄청난 고독과 절망이 따라온다.

자신이 절체절명인 상황일 때 도와주기를 기대한 친척이나 친구가 도와주지 않았던 경험이 있는가? 우리를 그렇게 실망시킨 그 사람을 용서하자. 그는 한 치의 의혹도 없이 믿었던 사람이었을지 모른다. 그래도 그들을 용서하고, 주님께 고통스러운 기억에서 치유될 수 있는 은총을 달라고 기도하자.

또한 우리는 곤경에 처한 사람들을 도울 수 있다. 그 사람들을 위해 기도하고, 방문하며, 그들에게 우리가 가진 것을 나눌 수 있다. 예수님이 그리하셨듯이 우리가 그들에게 이 지상의 구원자가 되어 줄 수 있다.

도와주지 않으려고 했던 사람이 있었는가? 어쩌면 우리는 어떤 사람이 도움을 청하였을 때 도움을 주지 못해 그를 실망시켰을 수 있다. 거절할 구실을 찾은 적은 없는가? 겉으로만 친구인 척하지 않았는가? 그것은 어쩌다 저지른 잘못이 아니라 계산적이면서 위선적으로 행동한 것일 수 있다. 하지만 그렇다고 해도 당신 스스로를 용서하자. 그리고 할 수만 있다면 당신이 도왔어야 할 사람에게 용서를 청하자. 예수님은 이 신비를 통하여 우리가 이러한 고통에서 자유로워지기를 원하신다.

사랑의 예수님,
무거운 십자가를 지신 주님은 얼마나 힘드셨을까요?
그 고통을 저희가 알 순 없지만
이제라도 우리를 대신하여 받으신 고통을 되새기며
곤경에 처한 사람을 주님이라 여기고 도울 수 있는 은총을 주소서.
저희와 함께 십자가를 져 주시어
죄인들의 구원에 도움이 되게 하소서.
그리하여 당신의 더욱 큰 영예와 영광을 위해
한 걸음 더 나아가게 해 주소서.
우리 주 예수 그리스도의 이름으로 비나이다. 아멘.

고통의 신비 5단

예수님께서 우리를 위하여 십자가에 못 박혀 돌아가심을 묵상합시다

예수님께서 큰 소리로 외치셨다. "아버지, '제 영을 아버지 손에 맡깁니다.'" 이 말씀을 하시고 숨을 거두셨다(루카 23,46).

    예수님은 엄청난 고통을 겪으면서 십자가를 지고 골고타에 이르신다. 예수님에게서 상처와 검게 굳은 피, 멍, 선홍색 핏덩이를 감출 수 없다. 목뿐 아니라 등과 어깨, 가슴에 흉하게 드러난 상처에서 피가 계속 흐르고 있다. 마리아가 이미 자신의 눈물로 흠뻑 젖은 하얀 수건으로 그 상처를 닦아 보지만 곧 그 수건은 핏방울에 젖어 금방 선홍색 얼룩이 진다. 예수님은 똑바로 설 수 없을 만큼 고통을 느끼신다. 내장이 찢어지는 듯한 고통을 겪으신다.
    머리는 못으로 만든 덫에 꿰인 것처럼 타는 듯한 고통에 아프다. 눈도 마찬가지다. 가시관이 움직이고 부딪칠 때마다 심하게 찌르는 듯 아프다. 특히 이마와 목덜미의 고통이 심하다. 가슴과

팔다리가 붉은 자국과 검푸른 멍으로 얼룩지고, 무릎은 상처로 피가 엉겼으며, 슬개골이 심하게 찢어져 있다. 발가락도 매우 쓰라렸는데 그것은 길가에 있는 돌에 걸린 데다 자꾸 넘어지는 바람에 피가 나고 있기 때문이다.

이제 십자가에 매달릴 때가 왔다. 명령이 내려지자 예수님은 십자가에 몸을 누인 다음 시키는 대로 제자리에 머리를 대고, 팔다리를 뻗는다. 사형 집행인 두 명이 등을 맞댄 채 예수님의 가슴에 웅크리고 앉자, 예수님은 움직일 수 없었을 뿐만 아니라 숨조차 쉬기 힘들어하신다. 예수님은 거기 누워서 꼼짝도 않고 첫 번째 망치가 오른 손목에 내리쳐지기를 기다린다.

세 번째 집행인이 예수님의 팔을 양손으로 잡고 있었다. 네 번째 집행인이 예수님의 손목이 구멍 위에 정확히 자리 잡았는지 확인하고 망치를 들어 커다란 못을 내리치자 못이 팔의 신경과 살을 파고든다. 팔 전체가 부들부들 떨릴 만큼 아프다. 예수님의 입에서 처절한 비명 소리가 나온다. 이제 오른 손목은 검은 십자가 나무에 단단히 못 박힌다.

사형 집행인은 반대편으로 간 다음 못을 예수님의 왼쪽 손목 가운데 놓고 망치를 내리친다. 이번에는 훨씬 더 아프다. 하지만 예수님은 그저 신음하고 비명 소리를 내실 뿐이다. 피와 눈물이 뒤범벅되어 뺨 위로 흘러내린다. 먼지로 뒤덮인 예수님의 얼굴에

땀과 피가 흘러내려 붉고 흰 줄무늬를 그린 듯 보인다.

   사형 집행인은 예수님의 발 쪽으로 가서 양쪽 발에 커다란 못을 박은 다음 나무에 단단히 고정시킨다. 마리아는 이 모든 것을 극심한 고통 속에서 보고 있다. 마리아는 예수님의 고통을 함께 느끼며 망치가 내려쳐질 때마다 자기 몸에 망치를 맞는 듯 몸을 움찔하고 있다. 마리아는 몸이 서서히 으스러져 가는 느낌을 받으며 말할 수 없는 고통을 안고 서 있다.

   이제 예수님의 몸은 급속도로 죽음에 이르고 있다. 예수님은 머리를 들 기운조차 없어 이따금씩 고개를 숙인다. 그러던 예수님이 잠시 정신이 드는지 곁에 서 있는 사랑하는 제자를 보고 마리아에게 힘겨운 목소리로 말한다. "여인이시여, 이 사람이 어머니의 아들입니다." 그렇게 말하고 나자 예수님의 숨이 점점 더 가빠진다. 심장이 발작하듯 불규칙적으로 헐떡거린다. 스러져 가는 근육에서 쉰 소리가 새어 나온다. 문득 예수님이 고개를 들고 큰 소리로 외친다. "엘로이 엘로이 레마 사박타니?(저의 하느님, 저의 하느님, 어찌하여 저를 버리셨습니까?)" 예수님의 얼굴에 죽어 가는 이의 표정이 떠오른다. 몸이 점점 앞으로 숙여지고, 무릎이 날카롭게 꺾인다. 점점 더 짙은 죽음의 그림자가 다가온다.

   예수님은 마지막 온 힘을 다해 소리치신다. "아버지, 제 영을 아버지 손에 맡깁니다." 그리고 몸에 심한 경련을 일으킨 다음, 더 이상 움직이지 않으신다. 예수님의 머리가 가슴에 무겁게 떨어졌다. 숨을 거두신 것이다.

†

 우리는 예수님이 십자가 위에서 서서히 고통스럽게 돌아가셨다는 것을 잘 알고 있다. 그리고 예수님의 어머니와 요한 그리고 몇몇 여자들만이 끝까지 십자가를 따랐고 다른 사람들은 도망가 버린 안타까운 이야기도 알고 있다. 심리학자들은 죽음이 마음에 가장 큰 충격을 준다고 말한다. 대부분의 사람들은 다른 세상에 무엇이 있는지 모르기 때문에 죽음을 크게 두려워한다. 하지만 우리는 마음을 열고 죽음을 받아들여야 한다.
 그러나 우리 가운데에도 죽음을 하느님의 위대한 자비로 보는 사람이 거의 없다. 그런데 회개한 사람들은 주님의 나라에 있기에 이 세상으로 다시 돌아오고 싶어 하지 않는다. 이 세상으로 다시 돌아오고 싶어 하는 이는 큰 죄를 저질렀음에도 회개하지 않은 불의한 사람들뿐이다. 우리는 성부를 기쁘게 해 드렸는가? 예수님이 우리를 성부께 데려가시기 전에 환히 웃으시며 당신 빛과 생명의 옷자락으로 우리를 감싸 껴안아 주실까? 예수님을 따르기 위해 최선을 다한다면 우리는 임종의 침상에서 훨씬 편해질 것이다!

다시 한 번 예수님이 십자가에 못 박히시는 모습을 상상해 보자. 그분의 손과 발이 못에 뚫릴 때 그 고통에 가장 깊이 동참한 분이 성모님이시다. 예수님의 육체적인 고통만큼이나 성모님은 정신적인 죽음을 맛봤다. 게다가 예수님과 성모님은 이러한 고통과 희생 앞에서도 죄에서 벗어나지 못하는 이들이 있음을 알고 계셨다. 그렇기 때문에 더욱 고통스러웠다. 하지만 성모님은 세상의 구원을 위해 아들을 떠나보내야만 했다. 그것이 하느님의 뜻이었기 때문이다.

사랑하는 사람을 떠나보내는 것은 우리에게도 아주 고통스러운 일이다. 그럴 때 우리를 보살피는 주님께 모든 고통을 봉헌하자. 예수님께 사랑하는 사람의 죽음으로 인해 받은 충격을 치유해 달라고 청하자. 예수님은 사랑하는 사람을 떠나보냄으로써 받는 상처를 치유해 주고자 하신다.

당신과 가족이 행복한 죽음을 맞을 수 있게 해 달라고 청하자. 또한 죽음에 대한 두려움에서 벗어나 평화로이 마지막을 맞이할 수 있도록 청하자. 주님이 이렇게 강력한 두려움의 감정을 치유해 주실 때, 우리는 훨씬 더 행복해질 것이다. 우리가 예수님의 위대한 사랑을 가로막는 것에서 자유로워질 때 그분의 죽음은 우리 삶에서 많은 열매를 맺을 것이다.

끝으로 예수님의 무한한 사랑을 묵상해 보자. 예수님이 십자가에서 돌아가신 것은 천사를 위함도 아니고, 옛날 사람들을 위함도 아닌 바로 우리를 위해서였다. 우리를 창조해 주신 바로 그 하느님이 우리를 위하여 돌아가심으로써 우리를 구원해 주신다. 이 얼마나 특별하고 사랑이 넘치는 사건인가? 우리는 너무나 소중한 존재이므로 예수님은 그분의 우정을 우리에게 되돌려주기 위해서라면 무슨 일이라도 하신다. 우리는 성부께 너무나도 소중한 존재이기 때문에 그분은 우리의 구원을 위하여 궁극적인 대가를 치르셨다. 하느님은 당신의 외아드님을 희생시키셨다. 우리는 얼마나 기꺼이 우리 자신을 희생할 수 있는가? 예수님이 우리를 사랑하시듯이 예수님을 더욱더 사랑하도록 노력하자.

....

하늘에 계신 아버지와 성령이시여!
성부와 성령은 예수님이 십자가 수난을 겪으실 때
함께 고통을 겪으셨습니다.
성부와 성령은 분리될 수 없는 하나이신 하느님이시며
거룩하며 죄 없는 사랑의 삼위일체이시기 때문입니다.
삼위일체이신 주님께 간절히 청하오니,
저희의 잘못을 모두 용서해 주소서.
저희는 저희의 삶을, 저희의 생명을 봉헌하겠나이다.

고통의 신비

주님이 고통을 겪으실 때 성모님처럼 위로해 드리겠나이다.

예수님, 당신이 베풀어 주신 사랑과

치유의 은총에 진심으로 감사하나이다.

당신은 저희를 영원한 어둠에서 구원하여

성부의 유산을 상속받도록 해 주셨습니다.

그리하여 저희는 주님과 하느님 나라에서

영원히 함께 살 수 있게 되었나이다.

우리 주 예수 그리스도의 이름으로 비나이다. 아멘.

고통의 신비에 대한 성인들의 묵상

이 순간 내가 원한다면, 나는 하느님의 친구가 될 수 있습니다.

- 아우구스티노 성인

내 계획과 들어맞지 않은 것은 모두 하느님의 계획 안에 있습니다. 나는 하느님의 빛에 비추어 볼 때 우연에 지나지 않는 것은 아무것도 없다는 것, 그리고 나의 전 생애가 아주 사소한 것에 이르기까지 하느님의 섭리 안에서 나를 위해 계획되었다는 것과 아주 일관성 있는 의미를 지녔다는 것에 대한 아주 깊고 확고한 믿음을 가지고 있습니다. 그리하여 나는 이 의미가 영광의 빛 안에서 드러날 때 기쁨을 느끼기 시작합니다. - 십자가의 데레사 베네딕타 성녀

가난한 자들이 손을 내밀지만 하느님은 봉헌된 것만 받아들이십니다.

- 베드로 크리솔로고 성인

자신의 열정을 통제하는 사람은 세상의 주인입니다. 우리는 열정을 통제하든지 아니면 그 노예가 되든지 둘 중 하나입니다. 모루가 되기보다는 망치가 되는 것이 낫습니다. - 도미니코 성인

우리 주님은 기도하는 영혼이 당신을 깊이 이해할 수 있도록 해 주십니다. 주님은 결코 그들을 기만하지 않으십니다.
- 베드로 율리아노 예마르 성인

하느님과 세상을 동시에 기쁘게 해 줄 수는 없습니다. 그 둘은 생각이나 바람, 행동에 있어서 아주 상반되기 때문입니다.
- 요한 마리아 비안네 성인

나는 이미 말한 것에 대해서는 후회할 때가 많지만, 말하지 않은 것에 대해서는 결코 후회한 적이 없습니다. - 아르세니오 성인

주님은 우리 행위의 완성도를 결코 수나 양에 의해 측정하지 않으시고, 우리가 한 행위 자체로 측정하십니다. - 십자가의 요한 성인

하느님은 어떠한 희생보다 영혼에 대한 갈망을 더 나은 것으로 여기십니다. - 대 그레그리오 교황

우리 행동은 그 자체로 혀를 가지고 있습니다. 아무 말도 하지 않아도 행위 그 자체로 웅변력이 있습니다. 사랑하는 사람에게는 말보다는 행동이 더 증거가 되기 때문입니다. – 예루살렘의 치릴로 성인

이 세상에서 필요한 것들을 달라고 열심히 기도하면, 하느님은 자비롭게 들어주시기도 하고, 자비롭게 들어주지 않으시기도 합니다. 왜냐하면 의사는 환자에게 좋은 것이 무엇인지 본인보다 잘 알기 때문입니다. – 아우구스티노 성인

고통의 체험은 아주 귀하고 값진 것이어서 천상의 풍요로움을 누린 하느님의 말씀이 그것을 찾으러 지상에 내려오실 정도였습니다. 왜냐하면 천상에서는 이러한 슬픔의 장식을 하고 계시지 않기 때문입니다. – 팟지의 마리아 막달레나 성녀

자기 자신을 믿는 사람은 실패하지만, 하느님을 믿는 사람은 모든 것을 할 수 있습니다. – 알폰소 마리아 데 리구오리 성인

고의적으로 동의한 상태에서 악한 생각을 하면 영혼이 더러워집니다. 우리 주님은 악한 생각을 모든 죄 중에 가장 나쁜 것으로 여기셨습니다. 악한 생각은 죄의 원천이기 때문입니다. – 요한 세례자 드 라 살 성인

오, 예수 성심이여! 당신에게 날아가 저를 일치시킵니다. 저 자신을 봉헌하나이다. 이를 받아 주십시오. 나의 구세주여, 당신의 거룩한 사랑에 상반되는 온갖 두려움의 표시로 도와 달라는 제 청을 들어주십시오. 거기에 동의하기보다는 수천 번이라도 죽게 해 주십시오. 오, 하느님! 제 힘이 되어 주십시오. 저를 지켜 주시고 보호해 주십시오. 저는 당신 것입니다. 그리고 영원히 당신 것이 되기를 바랍니다.

– 마르가리타 마리아 알라코크 성녀

당신 나름대로 판단을 키우지 않도록 조심하세요. 당신은 거기에 취할 것입니다. 술 취한 사람과 자기 생각으로 가득 찬 사람은 별 차이가 없습니다. 둘은 누가 더 합리적으로 생각한다고 말할 수 없습니다.

– 프란치스코 살레시오 성인

살아가는 동안 우리 길에 흩뿌려진 십자가들은 그리스도 십자가의 신비 안에서 우리를 그리스도에게 일치시킵니다. – 요한 에우데스 성인

"하느님, 저를 도와주십시오. 자비를 베풀어 주십시오." 하고 말하는 데 무슨 비용이 듭니까? 이보다 더 쉬운 일이 어디 있습니까? 이 말을 자주 한다면, 이 작은 행위로도 구원받는 데는 충분합니다.

– 알폰소 마리아 데 리구오리 성인

그런데 여러분의 온갖 희생과 속죄 행위는 그렇게 많은 죄를 보속하기에는 너무 작고 부족합니다. 그러니 그것들을 십자가 위에 들어 올려진 구세주 예수님의 것과 일치시키십시오. 그리스도의 성혈이 그분 상처에서 흘러내릴 때 받아들이고, 그것을 정의의 하느님께 봉헌하여 그분을 기쁘게 해 드리십시오. 당신 보속을 십자가 발치의 성모님과 일치시키십시오. 그러면 성모님에 대한 예수님의 사랑으로부터 모든 것을 얻을 수 있을 것입니다. - 베드로 율리아노 예마르 성인

세상의 왕이 되기보다 하느님의 자녀가 되는 것이 훨씬 낫습니다.
- 알로이시오 곤자가 성인

오, 사제여! 당신은 당신 자신이 아닙니다. 왜냐하면 당신은 하느님이기 때문입니다. 당신은 당신 자신의 것이 아닙니다. 그리스도의 종이요 봉사자이기 때문입니다. 당신은 당신 자신의 것이 아닙니다. 교회의 배우자이기 때문입니다. 당신은 당신 자신이 아닙니다. 하느님과 인간의 중재자이기 때문입니다. 당신은 당신으로부터 오지 않았습니다. 당신은 아무것도 아니기 때문입니다. 그렇다면 당신은 누구입니까? 아무것도 아니면서 모든 것입니다. "그는 다른 사람은 구하면서 자기 자신은 구하지 못하는구나!" 오, 사제여! 사람들이 십자가 상 예수님께 했던 이 말을 듣지 않도록 조심하십시오. - 노르베르토 성인

우리는 다른 사람의 고통과 비참에 마음을 열어 두기 위해 노력하고 진정으로 측은히 여기는 마음을 달라고 계속 기도해야 합니다.
- 빈첸시오 드 폴 성인

나는 예수 그리스도를 위하여 모든 것을 얻기 위해, 스스로 나환자가 되어 나환자들과 머물렀습니다. - 다미안 드 베스테르 성인

당신 눈으로 똑똑히 보았다 하더라도 비난하지 마세요. 왜냐하면 그 눈조차 속을 때가 많기 때문입니다. - 요한 클리마코 성인

손바닥에 십자가를 놓고 엄청난 사랑으로 그 상처에 입맞춤하세요. 주님께 강론해 달라고 부탁하세요. 그 가시와 못, 그리스도의 성혈이 당신에게 무슨 말을 하는지 들어 보세요. 오, 얼마나 훌륭한 강론인가요? - 십자가의 바오로 성인

선한 사람이든 악한 사람이든 부자든 가난한 사람이든 그리고 우리에게 잘해 주는 사람이든 악행을 저지르는 사람이든, 그 모든 사람에 대해 보편적인 사랑을 가지고 있지 않다면, 우리 종교는 그릇된 종교이고, 우리 덕은 환상에 지나지 않습니다. 그리고 우리는 하느님의 눈에 위선자에 지나지 않습니다. - 요한 마리아 비안네 성인

하느님은 연민이 많으신 분으로, 그분만 믿는다면 상처받고 멸시당한 사람들을 결코 실망시키지 않으십니다. - 예수의 데레사 성녀

열정과 분노의 공격을 받는다고 느낄 때 침묵하세요. 그때야말로 침묵이 필요한 시간입니다. 예수님은 치욕과 고통 가운데서 침묵하라고 하셨습니다. - 십자가의 바오로 성인

그리스도의 뜻을 따른다는 이유로 당신이 아무리 가혹한 시련을 겪을지라도 그리스도는 그 시련을 견딜 수 있는 힘을 주실 것이다.

- 테오파네 성인

우리는 아픈 사람에게 사랑을 보여 주어야 합니다. 그들은 많은 도움을 필요로 하기 때문입니다. 그들이 가난하다면 작은 선물을 가지고 가고, 그렇지 않다면 그냥 가서 보살펴 주고 위로해 주십시오.

- 알폰소 마리아 데 리구오리 성인

그러므로 이 행위 안에 확고히 서십시오. 그리고 그리스도의 모범을 따르십시오. 확고한 신앙을 가지고 변함없이 형제를 사랑하며, 서로 사랑하고 진리 안에 일치하십시오. 주님의 부드러움으로 서로 도와주고 어느 누구도 무시하지 않도록 하십시오. - 폴리카르포 성인

십자가를 참을성 있게 그리고 겸손하게 견디는 것, 그것은 우리에게 주어진 가장 지고한 활동입니다. - 가타리나 마리아 드렉셀 성녀

영혼이 떠나면 육체는 죽습니다. 그런데 하느님이 떠나면 영혼이 죽습니다. - 아우구스티노 성인

사랑 안에 살지 않는다면 나는 한 순간도 살아 있는 것이 아닙니다. 살아 있는 사람은 고통 없이 모든 것을 행합니다. 혹은 그의 고통까지도 사랑합니다. - 아우구스티노 성인

제가 죽임을 당하는 이유는 단 하나, 그리스도교의 교리를 가르쳤기 때문입니다. 그렇기 때문에 저는 하느님께 감사드립니다. 저는 죽기 전에 진실을 말하고 있다는 것을 믿습니다. 저는 여러분이 저를 믿는다는 것을 알고 여러분 모두에게 다시 한 번 말하고 싶습니다. 그리스도에게 여러분을 행복하게 해 달라고 도움을 청하십시오. 저는 그리스도에게 복종합니다. 저는 그리스도의 모범에 따라 저를 박해하는 사람을 용서합니다. 저는 그들을 미워하지 않습니다. 저는 하느님께 그 모든 사람을 불쌍히 여겨 주시라고 부탁드립니다. 그리고 저의 피가 나의 동료들에게 결실을 맺게 하는 비처럼 떨어지기를 바랍니다.
- 바오로 미키 성인

이 악한 탐식자야, 심연으로 내려가거라. 내가 빠지지 않기 위해 너를 물에 빠뜨려 버릴 것이다. - 예로니모 성인

예수 그리스도님, 모든 것의 주님이시여, 당신은 제 마음을 보십니다. 제 소망을 아십니다. 당신만이 저의 모든 것을 소유하십니다. 저는 당신의 양입니다. 제가 악마를 극복하는 데 합당한 자 되게 해 주십시오.
- 아가타 성녀

죄를 저지르고 있으면서 구원되기를 바라는 것은 그릇된 희망입니다.
- 아우구스티노 성인

우리는 두려움 때문에 그리스도의 십자가를 인내로이 견디어 냅니다. 우리는 고무적인 희망 때문에 확고하고 용기 있는 마음으로 십자가를 씩씩하게 지고 갑니다. 그런데 열정을 가지고 십자가를 껴안게 만드는 것은 타오르는 사랑의 힘입니다. - 베르나르도 성인

아무리 좋은 음식이라도 독이 섞여 있다면 사람을 죽게 만듭니다. 대화도 마찬가지입니다. 나쁜 말 한마디, 악한 행위, 어울리지 않는 농담이 듣는 사람 혹은 많은 젊은이들에게 독이 되기에 충분합니다. 그리고 하느님의 은총도 잃게 만들 수도 있습니다. - 요한 보스코 성인

악마는 그리스도에게 속한 영혼을 차지하려고 갖은 애를 다 씁니다. 우리는 그 영혼을 사탄에게서 빼앗아 하느님께 돌려 드리는 노력을 게을리하지 말아야 합니다. - 세바스티아노 성인

악마는 죄를 피하기 위해 가장 조심하는 사람 안에 격렬한 투쟁을 일으키려고 항상 호시탐탐 노립니다. - 대 레오 교황

영원한 왕국에 이르는 참된 길이 있다면, 그것은 참을성 있게 견디는 고통의 길입니다. - 콜레타 성녀

하느님과 성인들이 우리 완성을 위하여 엄청나게 많은 교훈과 모범을 보여 주었음에도 불구하고, 우리는 그것을 부주의하게 흘려버리고 있습니다. 생의 마지막 순간에 우리 삶을 되돌아본다면 얼마나 후회막급이겠습니까? 얼마나 양심의 가책을 느끼겠습니까? 마지막 날이 오늘 여러분에게 다가온다면, 올해 당신이 살아온 삶에 얼마나 만족할 수 있겠습니까? - 프란치스코 살레시오 성인

하느님의 것들 중에 가장 하느님다운 것은 죄인들의 회개를 위하여 하느님과 함께 일하는 것입니다. - 디오니시오 성인

악한 동료를 피하십시오. 그들과 함께 있으면 악과 사귀게 될지도 모릅니다. - 아우구스티노 성인

우리에게 일어나는 모든 일 안에서 하느님의 선하신 즐거움만 생각하면서, 그분의 다정한 뜻을 맛보게 될 날은 언제일까요? 모든 역경은 우리의 번영과 유익이 올 때와 똑같은 만큼의 사랑으로 보내 주신다는 것이 확실합니다. 우리가 하늘에 계신 아버지에게 우리 자신의 배려와 보호 그리고 우리 자신에 대한 일을 맡기고 그분을 기쁘게 해 드리겠다는 바람과 우리가 할 수 있는 모든 것 안에서 그분을 잘 섬기겠다는 소망만을 간직한 채 우리가 가장 사랑하는 하늘에 계신 아버지의 팔 안에 분에 넘치게 안길 날은 언제일까요?
- 요안나 프란치스카 드 샹탈 성녀

현재의 고통과 슬픔은 영광에 이르는 길, 하느님 나라에 이르는 길입니다. - 베르나르도 성인

악한 성향은 외부의 적보다 위험합니다. - 암브로시오 성인

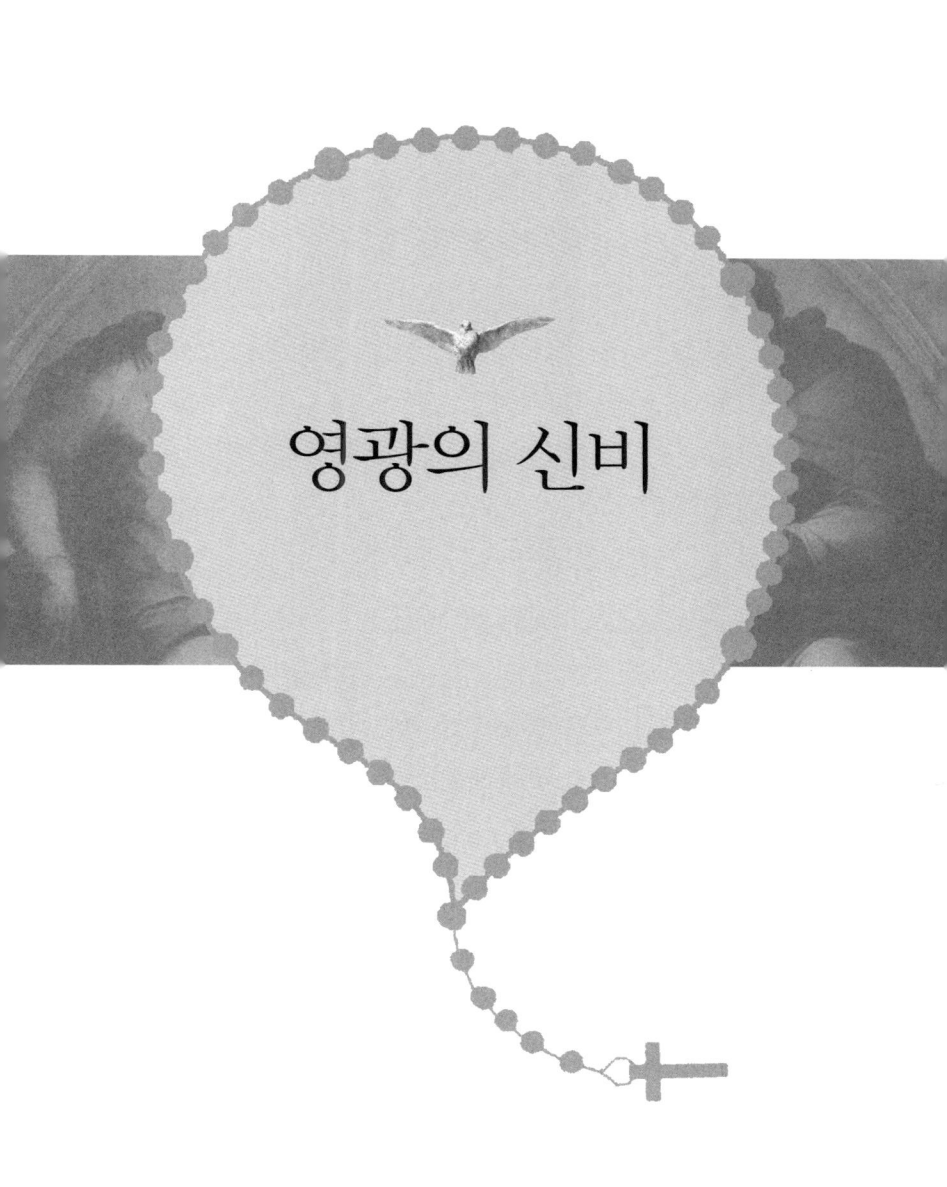

영광의 신비

영광의 신비 1단

예수님께서 부활하심을 묵상합시다

"놀라지 마라. 너희가 십자가에 못 박히신 나자렛 사람 예수님을 찾고 있지만 그분께서는 되살아나셨다. 그래서 여기에 계시지 않는다. 보아라, 여기가 그분을 모셨던 곳이다."(마르 16,6)

이른 아침이다. 예수님의 무덤은 장정 여러 명이 힘을 합쳐야 겨우 들 수 있는 무거운 돌로 막아 놓았다. 아무도 몰래 그 돌을 치운다는 것은 불가능한 일이다. 그런데 그런 일이 일어났다! 분명한 징조도 전례도 없이, 엄청나게 거대한 혜성 같은 빛이 우주 심연에서 나오기라도 한 듯 동쪽 하늘에서 나타난다. 그게 어디서 왔는지 아무도 모른다. 그것은 혜성처럼 빠른 속도로 광활한 하늘을 가로지른다.

그 커다란 빛이 대기를 가로지르는 동안 천둥소리가 들린다. 천둥소리는 임박한 충돌을 경고하듯이 점점 커진다. 지쳐 곯아떨어진 경비병의 몸까지 흔들린다. 경비병은 으르렁거리는 천둥소리에 겁에 질려 일어나려고 애쓴다. 하지만 밟고 있는 땅이 갑작스레 흔들리는 바람에 넘어져 버린다. 혼비백산한 경비병들은 안간힘을 써서 겨우 일어난다. 그리고 빛나는 물체를 피해 도망가려 한다.

빛이 무덤을 가로막고 있던 커다란 바위를 힘차게 내리치자, 바위는 작은 돌멩이처럼 힘없이 옆으로 쓰러진다. 경비병들이 넘어진다. 빛이 무덤으로 들어가 보물을 찾는다. 보물은 방부 처리를 하는 탁자 위에 놓여 있다. 얼마 후 빛은 시신을 따뜻하게 데우고 생기를 불어넣기 시작한다. 생명이 없던 그 형체는 빛을 받고 아주 환하게 밝아진다.

아주 환하게 빛나는 몸이 재빨리 일어나 앉더니 어느새 두 발로 꼿꼿이 선다. 형체가 희미하게 나타난다. 빛의 존재와도 같은 그 형체는 태양을 여럿 합친 것보다 훨씬 밝게 빛난다. 손과 발, 옆구리의 상처에서 밝은 빛이 흘러나오고 빛으로 짠 듯한 옷이 온몸을 감싼다. 빛이 희미하게 비추자 얼굴이 보인다. 아, 그분이다! 예수님이시다! 당당하고 멋진 모습이시다! 확신에 찬 모습이시다! 정복당한 얼굴이 아니라, 정복한 얼굴이시다!

예수님은 기쁘게 미소 지으며 앞으로 나아가신다. 입구로 걸어 나가는 예수님 안에는 열망이 있다. 금발을 길게 늘어뜨린 천사

둘이 나타나더니 하나는 예수님의 옆에서, 하나는 뒤에서 무릎을 꿇고 머리를 숙인 채 세상의 구세주를 경배하고 나서 일어선다. 그중 하나는 예수님의 머리를 덮고 있던 수건을 개어 선반 위에 올려놓는다. 또 다른 천사는 예수님을 감싸고 있던 수의를 깔끔하게 말아서 탁자 위에 올려놓는다.

예수님은 앞으로 걸어 나가신다. 이제 동굴 입구에 서 계신다. 예수님은 몸을 곧게 편 채 밝은 아침 햇살이 비치는 무덤 입구를 지나다가 문득 멈추어 서신다. 예수님의 키는 더욱 커 보인다. 머리카락은 금으로 된 듯 빛난다. 옷이 새하얗게 빛난다. 마치 빛을 입은 것 같다.

장엄한 천상의 옷으로 광채를 발하는 주님이 하늘과 땅을 바라보신다. 그분의 놀라운 시선은 어느 것 하나 놓치지 않는다. 다정한 눈길, 찬미의 눈길로 성부께서 창조하신 세계를 눈에 담으신다. 사파이어처럼 빛나는 눈은 하늘을 담은 듯하다. 모든 것을 어루만지듯 아주 자상하게 바라보신다. 그것은 창조물을 향한 창조자의 사랑의 어루만짐이다.

우주의 심연에서 온 눈부신 방문자는 문득 아무런 경고 없이 사라진다. 경비병들이 다시 서서히 일어난다. 천사들의 밝은 빛을 본 그들은 공포에 쫓기듯 혼비백산하여 재빨리 도망친다. 세상은 하나도 변하지 않은 것 같지만 사실은 완전히 바뀌고 새로워졌다.

며칠 전의 끔찍한 일은 아예 일어나지도 않은 듯하다. 모든 것이 세상의 빛으로 새롭게 씻긴다.

†

여기서 우리는 예수님이 온전한 하느님이시고, 약속을 모두 지키셨다는 사실을 상기한다. 그분은 어머니와 제자들에게 당신이 죽었다가 다시 살아날 것이라고 약속하셨다. 그런데 그 말을 아무런 의심 없이 믿은 사람은 어머니인 성모님뿐이셨다. 다른 사람들은 모두 그 말을 믿지 않았다. 그들은 예수님이 하느님이심을 온전히 믿었을까? 더 중요한 질문을 해 보자. 그들은 그렇다 치고 우리는 예수님이 온전한 인간이면서 온전한 하느님이심을 믿고 있는가? 우리는 성부이신 하느님과 성자, 성령이 성체 안에서 하나로 현존하심을 믿는가? 우리는 이 세 분이 하느님이심을 이해하는가?

예수님이 하느님이심을 신앙의 눈으로 확고하게 믿는다면 될 수 있는 대로 자주 성체를 영하도록 애쓰자. 그리고 주일에는 반드시 성체를 모시도록 하자. 그렇게 하면 하느님의 사랑을 우리 의지에 결합시키는 데 도움이 된다. 성체는 우리가 거룩한 소망을 갖도록 도와줄 것이다. 그것은 하느님의 소망이다. 우리는 우리의 불완전함에 대하여 걱정하지 말고 순수한 동기를 유지하도록 애써야 한다. 왜냐하면 하느님은 거룩한 행업을 당신의 행업에 일치시키시고 그것을 완전하게 만들어 주시기 때문이다.

   이제 위대한 부활의 신비를 다시 한 번 묵상하자. 예수님이 부활하시는 날 아침에 무덤 밖에 서 있다고 상상해 보자. 얼굴을 스치는 시원한 바람을 느낄 수 있으리라. 새들이 노래하고 있고, 풀들은 이슬에 젖어 있으며, 태양은 무덤 위로 떠오르고 있다. 무덤 입구의 돌이 사라지고, 아주 밝은 빛이 비춘다. 그 빛의 중심에는 손과 발에 못이 박힌 자국과 옆구리에 창에 찔린 자국이 있는 예수님이 계신다. 예수님은 환하게 웃으며 우리를 껴안고 말씀하신다. "나는 너를 위해 죽었다." 부활하신 예수님께 영적으로, 정서적으로, 심리적으로, 관계적으로, 심지어 육체적으로 자신의 모든 것을 치유해 달라고 기도하자. 부활의 힘이 당신 안에 흐를 수 있도록 마음을 그분께 열자.

거룩하고 깨달음에 이르신 하늘과 땅의 임금이시여,
온갖 영예와 위엄 중에 계신 주님을 겸손되이 경배합니다.
당신의 소중한 상처에서 새어 나오는
거룩한 빛으로 저희 길을 비춰 주소서.

예수님,

저희에게 자비를 베푸시고,

저희 죄를 용서하시며,

새로운 하늘의 예루살렘으로 저희를 인도하소서.

우리 주 예수 그리스도의 이름으로 비나이다. 아멘.

영광의 신비 2단

예수님께서 승천하심을 묵상합시다

주 예수님께서는 제자들에게 말씀하신 다음 승천하시어 하느님 오른쪽에 앉으셨다(마르 16,19).

아침이다. 떠오르는 태양이 장밋빛, 노란빛, 분홍빛, 붉은빛으로 빛나고 있다. 예수님은 하늘에 올라 성부께로 갈 준비를 하신다. 예수님과 마리아는 서로 하고 싶은 말을 다하고 서로에 대한 깊은 사랑의 마음을 나눈다. 이제 헤어지면 이 세상에서는 다시 못 본다는 사실을 알고, 순수한 사랑의 포옹을 하신다. 그러고 나서 마리아는 부드러운 미풍에 고개를 숙이며 당신 아들을 하느님으로 받든다. 마리아는 처음이자 마지막으로 축복을 받기 위해 예수님 앞에 경배하며 무릎을 꿇는다. 하느님인 동시에 인간인 예수님과 그 어머니! 예수님은 마리아를 일으켜 세운 다음 이마에 마지막 입맞춤을 하신다.

예수님은 열한 명의 제자가 머물고 있던 집으로 어머니와 함께 들어가신다. 예수님은 그들에게 인사하고 그들을 축복하며 그분의 이름이 항상 그들의 축복이 될 거라고 가르쳐 주신다. 예수님은 그들이 한 분이신 하느님, 하나의 신비체인 교회, 하느님의 교회인 하느님 나라를 선포할 때, 모든 면에서 순수하고 거룩해야 한다고 말씀하신다. 예수님은 지고한 교회의 수장인 베드로가 여행을 자주 하게 될 것이라고 알려 주시고, 나머지 제자들에게는 교회의 성장을 위하여 성령 안에서 함께 머물러야 한다고 말씀하신다. 예수님은 서로 사랑하라고, 어떤 이유에서든 결코 분노를 터뜨리지 말라고 하신다. 하느님은 모든 것을 알고 계시고 그들의 영적 여정에서 선한 것만 허용하시며, 그들이 어디에 있든 그들과 함께 계시기 때문이다.

예수님이 일어나신다. 제자들과 함께 올리브산으로 갈 준비가 끝나신 것이다. 그들은 마지막으로 서로 껴안는다. 제자들은 예수님께 빵과 평화를 달라고 부탁한다. 예수님은 다정하게 웃으시고는 빵을 축복하여 나누어 주신다. 그러고 나서 모두 떠난다. 예수님은 마리아와 베드로, 요한과 함께 걸어가신다. 올리브산에는 예수님을 따르던 이들이 모여 있다. 라자로와 그의 자매, 요셉과 니코데모, 양치기들 등 모든 사람이 예수님을 기다리고 있다. 대부분은 예수님이 부활하셨다는 것을 믿지만, 아직 의심하는 사람들도 있다.

예수님은 가서 모든 민족에게 세례를 주고 제자로 삼으라고 명하신다. "내가 세상 끝 날까지 언제나 너희와 함께 있겠다."(마태 28,19-20) 올리브산으로 올라가시는 예수님을 군중 수백 명이 따른다. 선택된 장소에 도착하자 예수님은 당신과 함께 있는 사람을, 그리고 하늘과 땅과 살아 있는 모든 것이 그분에게 기쁨과 위로를 준 데 대해 고마워하는 마음으로 축복하신다. 심지어 성부의 뜻을 행하기 위하여 당신을 힘들게 했던 가시관과 십자가, 채찍과 매, 바위까지도 축복해 주신다.

예수님은 좀 더 높이 올라가 정상에 이르신다. 그리고 커다란 바위 위에 올라간 다음 사람들을 바라보신다. 예수님의 눈길에 거기에 있는 사람들은 모두 예수님이 자신만을 바라보는 것처럼 느낀다. 예수님은 모든 사람을 껴안으려는 듯이 팔을 벌리신다. 그리고 말씀하신다. "내 이름으로 가서 세상 모든 사람에게 복음을 전하라. 하느님께서 함께하신다. 평화롭게 가라. 그분의 빛이 너희의 길을 인도하시고, 그분의 사랑이 너희들을 항상 위로하시기를……." 말씀하시는 동안 예수님의 모습이 그들 앞에서 변한다. 그분의 몸이 눈부시게 빛난다. 예수님은 성부께 머리를 들어 올리며 서서히 올라가신다.

광채와 위엄으로 빛나는 예수님이 하늘 높이 올라 구름 속으로 사라질 때 군중은 경건하게 무릎을 꿇고 그 모습을 바라본다. 그러고 나서 모두 일어섰지만 그들은 자신들이 방금 본 것에 놀라 멍하니 서 있다. 그때 흰옷을 입은 천사 둘이 나타나서 "갈릴래아 사람들아, 왜 하늘을 쳐다보며 서 있느냐? 너희를 떠나 승천하신 저 예수님께서는, 너희가 보는 앞에서 하늘로 올라가신 모습 그대로 다시 오실 것이다."(사도 1,11) 하고 말한다.

†

우리는 방금 "왜 하늘만 쳐다보며 서 있느냐?" 하는 질문을 들었다. 우리는 일상에서 그와 같은 질문을 얼마나 많이 받고 있는가? 바로 오늘도 우리는 삶이라는 대단히 새로운 기회를 갖는다. 우리는 그리스도인으로서 책임을 수행할 수 있다. 우리는 영원히 그 책임에 전력을 다할 수 있다. 우리 이웃에게 착한 사마리아인이 될 수 있으며, 예수님의 기쁜 소식을 전하는 사람이 될 수 있다. 우리는 이런 식으로 다시 오실 예수님을 맞을 준비를 할 수 있다.

이제 이 엄청난 신비를 상상해 보자. 예수님이 하늘에 계신 성부께 올라가시는 모습을 보자. 예수님은 우리에게 함께 가자고 초대하신다. 그분께 응답하고 그분의 손을 잡자. 그러면 예수님은 우리를 데리고 가신다. 위로, 위로, 위로 올라가신다. 우리는 구름을 뚫고 더욱더 높이높이 올라가 예수님과 하나가 된다. 이제 더 이상 둘이 아니라 하나가 된다.

어느 순간 우리는 왕좌가 있는 방에 들어선다. 예수님이 성모님과 천사들에게 둘러싸여 황금빛 왕좌에 앉아 계신다. 하느님이 달려오신다. 우리를 껴안고, 입맞춤하고 하늘로 들어 올리신다. "이는 내 사랑하는 자녀다. 지상에서 받지 못했던 나의 사랑을 받아라. 나의 사랑을 흠뻑 들이마시고 평화를 가득 채워라."

사랑의 예수님,
당신의 자녀인 저희는 당신 앞에 겸손되이 무릎을 꿇습니다.
주님을 믿고, 경배하고, 신뢰하고, 사랑합니다.
그리고 당신이 거룩한 성체 안에
다정하게 현존하심에 감사드립니다.
생명의 빵이여, 저희를 키워 주소서.
그리스도의 성혈이여, 저희를 깨끗하게 하시고, 새롭게 하소서.
예수님, 저희는 영원히 당신 것입니다.
아멘.

영광의 신비 3단

예수님께서 성령을 보내심을 묵상합시다

그들은 모두 성령으로 가득 차, 성령께서 표현의 능력을 주시는 대로 다른 언어들로 말하기 시작하였다(사도 2,4).

예수님이 승천하신 후 마리아와 제자들은 다락방으로 돌아갔다. 마리아와 제자들은 며칠 동안 문을 굳게 닫고 창문을 걸어 잠그고 있었다. 마리아는 제자들과 함께 식탁에 앉아 촛불을 켜고 성경을 읽고 있다. 제자들은 마리아 옆에 앉아 있다. 마리아가 기도를 선창하고 제자들이 응송을 한다. 마리아의 표정은 열정과 기대에 가득 차 있다. 마리아의 입가에는 의미심장한 미소가 감돌고 있다. 제자들은 그 영문을 모른다.

갑자기 장엄한 오르간 소리 같은 바람 소리가 강하게 들려온다. 그 소리는 장중하게 울리는 아름다운 소리로 현악기와 같은 경쾌한 소리와 조화를 이룬다. 그때 예루살렘에는 세계 각국에서 온 유다인들이 살고 있었다. 그들은 하느님을 두려워하는 사람들이었다. 많은 사람들이 소리를 듣고 몰려든다. 이렇게 모여든 사람들은 예수님의 제자들이 사용하는 말을 듣게 된다. 이 사람들에게 제자들의 말은 저마다 자기 지방 말로 들렸다. "우리가 저들이 하느님의 위업을 말하는 것을 저마다 자기 언어로 듣고 있지 않는가?" 그들은 모두 놀라워하고 어쩔 줄 몰라 하며, "도대체 어찌 된 영문인가?" 하고 서로 말하였다(사도 2,11-12 참조).

제자들은 깜짝 놀라 겁에 질린다. 하지만 마리아는 당신 아들의 약속이 실현되고 있다는 것을 온전히 알고 있기에, 기대에 차서 미소를 지으며 고개를 든다. 갑자기 조그만 태양처럼 밝게 빛나는, 하지만 태양보다 훨씬 빛나는 공 모양의 물체가 나타나서 마리아의 머리 위로 자리한다. 그리고 마리아는 성부와 성자의 성령 안에서 숨 쉬며 아주 기쁘게 명상에 잠긴다. 제자들은 놀라서 마리아를 바라본다.

그러고 나서 공 모양의 불은 흩어져 혀 모양이 되더니 제자들 위에 머무른다. 가장 큰 불은 왕관처럼 고리 모양으로 변해서 마리아의 머리를 비춘다. 제자들의 얼굴이 바뀐다. 그들은 하느님을 깊이 사랑하고 이해하게 된다. 그들은 새로워졌으며 확신에 차고 담대해졌다. 마리아가 천상의 기쁨으로 가득 차자 베드로가 부드럽게 말한다. "하느님의 불이 내 안에서 타오르는 것이 느껴집니다. 세상 사람들에게 기쁜 소식을 전하러 나아갑시다."

✝

　성경을 보면 성령은 놀라운 선물을 통해 아주 부드럽고 다정하게 우리를 성화시키는 분이다. 선선하고 부드러운 바람이 갈대를 부러뜨리지 않듯이 말이다. 성부와 성자와 성령은 값진 선물을 통하여 우리를 깨우쳐 주고 힘을 주기를 갈망하신다. 왜 우리에게 이러한 선물이 필요할까? 세례를 받은 우리는 모두 예수님의 명에 따라 세상에 나아가 병자를 치유하고, 복음을 선포한다. 예수님의 첫 번째 명령은 아픈 사람을 치유하라는 것이었다. 이 사실에 주목하자. 예수님은 먼저 영혼이 아픈 사람 그러고 나서 몸이 아픈 사람을 치유하라고 하셨다. 영혼의 치유가 훨씬 중요한 것이다. 왜냐하면 여기에 영원한 생명이 달려 있기 때문이다.

　이 위대한 신비를 다시 체험하자. 좁은 방 안에 있는 모습을 상상해 보자. 제자 열두 명이 시편을 기도하고 있다. 빛이 유리창으로 넘어오며 방 안이 따뜻해진다. 사람들이 다양한 색깔의 의복을 차려입고 터번을 쓴 채 기도하면서 고개를 앞뒤로 계속 끄덕인다. 우리는 성모님과 요한 사이에 무릎을 꿇고 있다. 그들은 성령께 사람들을, 특히 가족을 사랑하게 해 달라고 기도한다.

갑자기 방 안에 바람이 한 차례 불어와 서늘해진다. 모든 사람이 그것을 느낀다. 성모님이 우리의 어깨에 손을 얹고 성령이 새롭고 더욱 강력한 방법으로 우리를 채워 주시기를 기도하신다. 사람들과 우리 위의 불 혀를 보자. 그 불이 각 사람의 마음에 들어가는 것을 보자. 우리 마음에 열기를 느끼자. 성령이 우리를 사랑으로 감싸고 있는 것을 느끼자.

영원하신 성부와 성자여,
당신의 거룩한 선물을 저희 마음에 보내 주시어,
저희가 당신을 알고, 사랑하고, 섬길 수 있게 해 주소서.
그리고 저희가 온 세상에 당신을 알리고 사랑하게 해 주소서.
거룩한 성령이여,
저희에게 숨을 불어넣어 주시어,
저희가 예수님을 온전히 받아들일 수 있게 해 주소서.
주 예수님,
저희가 성체와 성혈을 통하여,
당신 이름으로 영혼과 몸을 치유할 수 있게 해 주소서.
우리 주 예수 그리스도의 이름으로 비나이다. 아멘.

영광의 신비 4단

예수님께서 마리아를 하늘에 불러올리심을 묵상합시다

"그대는 예루살렘의 영예고 이스라엘의 큰 영광이며 우리 겨레의 큰 자랑이오. 그대는 이 모든 일을 그대의 손으로 이루었소. 그대는 이스라엘에 좋은 일을 하였소. 하느님께서도 그 일을 기쁘게 여기신다오. 그대가 전능하신 주님께 영원히 복을 받기 바라오."(유딧 15,9-10)

마리아는 예수님이 사랑하시는 제자 요한과 함께 여생을 보낸다. 마리아가 당신을 보고 미소를 짓는다면, 태양이 가장 순수한 사랑과 기쁨으로 따뜻하게 감싸 주는 듯 느껴질 것이다. 그리고 엄청난 평화를 느낄 것이다. 요한은 마리아의 거룩한 현존에 흠뻑 젖어 마리아가 세상을 떠나는 것을 두려워한다. 하지만 한편으로는 마리아가 우리들 대부분이 겪는 죽음을 결코 겪지 않으리라는 것을 직감하고 엄청난 위로를 받는다. 죄가 없는 마리아는 하느님 품에서 완전한 경배, 지복직관, 평화, 깨달음, 빛의 기쁨을 누리게 될 것이다.

마리아는 지상 교회의 모친이었고, 제자들이 세상에 복음을 전하려는 사명을 수행할 때 그들과 함께 일했다. 마리아는 예수님이 교회의 수장으로 임명하신 베드로를 겸손하게 받아들이고 깊이 사랑하였다. 마리아는 예수님의 제자들을 포함한 많은 이들이 신앙을 위하여 순교한 데 대하여 매우 큰 고통을 느꼈다.

마리아는 교회의 수많은 장애를 극복하기 위해 엄청난 투쟁을 겪는 시기를 살았다. 순교자들의 피로 교회가 강해지고, 우리 주 예수 그리스도라는 진리에 충실하게 되어 영적 기반이 풍요로워지는 때였다. 마리아는 신앙이 이스라엘 전역에서 이웃 나라로 전파되는 것을 보았다.

요한은 이 모든 것을 직관하고, 마리아가 자신의 곁을 떠날 때가 가까워졌음을 느낀다. 요한은 성경을 통하여 하느님이 이 죄 없는 비둘기를 아브라함의 품으로 데려가시리라는 것을 알았다. 요한은 자신이 마리아를 떠나보낸다 해서 절망에 싸이는 일 없이 이 위대한 사건을 누리기를 바란다.

때가 왔다는 것을 아는 마리아는 침상에서 꼼짝도 않고 누워서 기도한다. 몹시 피곤하다. 마리아는 성령에 온전히 사로잡힐 때까지 기도하고 또 기도한다. 마리아의 영혼은 기대와 흥분으로 점점 차오르고 얼굴에 미소가 떠오른다. 영혼이 하늘로 올라가면서 몸을 떠난다. 그녀는 마지막 숨을 내쉰다. 수호천사가 이 순간을 애타게 기다린다. 수호천사는 수많은 천사 군단을 모은다. 가장 높은 하늘에 있는 천사까지 부른다. 곯아떨어진 요한은 아무것도 보지 못한다.

마리아의 방에서 천장이 사라졌다. 갑자기 방 안이 드러나고 그 위로 환한 빛에 싸인 천사 군단이 나타난다. 천사들이 마리아의 침상을 둘러싸고, 혼이 나간 몸을 조심스레 하늘로 들어 올리기 시작한다. 그것은 밝은 빛으로 이루어진 긴 행렬이다. 하늘로 향하는 행렬에 현악기 곡조를 동반한 장중한 오르간 소리가 울린다. 그것은 천사들의 노래와 어울린다. 그들이 높이, 더 높이 올라가면서 소리는 점점 멀어진다. 다시 지붕이 덮이고 모든 것이 평화롭다.

커다란 소리에 잠이 깬 요한은 이 모든 일을 영적인 눈으로 바라본다. 마리아는 사라졌지만, 하느님은 순수한 사람의 눈에 마리아가 하늘로 계속 들어 올려지는 모습을 볼 수 있게 해 주신다. 마리아의 육체에 영혼이 다시 결합되어 더욱 아름다운 빛으로 바뀌면서 생기가 돈다. 요한은 기쁘게 미소 지으며 서 있는 마리아를 본다. 이제 영광에 싸인 마리아의 몸은 천사들의 도움 없이도 예수님에 의해 위로 들어 올려진다. 예수님이 마리아를 맞이하러 내려오고, 그들은 말로 표현할 수 없는 아름다움과 순수한 사랑 그리고 기쁨으로 서로를 껴안는다.

우리는 마리아가 죄 없이 잉태되었음을 안다. 하지만 하느님은 마리아가 온 마음을 다해 주님을 섬겼다는 것을, 그리고 마리아가 성부의 뜻을 행하는 데 단 한 순간도 벗어나지 않았다는 것을 매우 기뻐하셨다. 마리아는 예수님을 온전히 본받는다. 그리고 얼굴을 바닥에 댄 채 엎드려 기도할 때가 많았다. 마리아는 단식하고 일하면서 찬미의 노래를 불렀다.

마리아가 마지막 숨을 내쉬었던 작은 방의 침상에 촛불 하나만 켜 놓고 있는 우리 모습을 상상해 보자. 마리아는 침상에 없다. 하늘로 들어 올려졌기 때문이다. 하지만 우리는 마리아가 하느님이신 성부와 성자 그리고 성령에 의해 하늘로 들어 올려지는 모습을 영의 눈으로 볼 수 있다. 성삼의 세 위격이 마리아를 환영하는 모습도 보자. 마리아와 천사들이 기뻐하며 노래하는 소리를 들어 보자. 마리아는 순수하고 선하고 아름다운 여인으로 하느님을 완벽하게 드러내었다.

✝

성모님은 우리에게 선한 생활과 덕행으로 하느님 나라에 맞갖은 사람이 되라고 하신다. "너의 가족이 영원히 하느님 나라에서 너와 함께하도록 기도하라." 하고 말씀하신다. 성모님과 함께 세상의 구원을 위해 기도하라. 성모님은 인류가 사탄의 손아귀에 떨어지지 않도록 피눈물을 흘리며 기도하신다.

우리의 치명적인 약점이 무엇인지 생각해 보고, 성모님께 전구해 주시기를 청하자. 그리고 우리 가족 중 가장 치유를 필요로 하는 사람을 생각해 보고, 그 사람을 위해서 기도하자. 그리고 성모님께 그 사람을 위해 기도해 달라고 청하자. 성모님은 기도 안에서 우리와 가족을 예수 그리스도에게로 들어 올려 주실 것이다. 우리는 그 은총을 청해야 한다.

- -

하늘에 계신 거룩한 성모여,
지고하신 하느님의 아드님을 낳아 주심에 진심으로 감사드립니다.
당신은 겸손한 신앙과 희망과 사랑으로
당신 아드님 예수 그리스도를 통하여 구원을 낳아 주셨습니다.
성모님,
세상의 구원을 위하여 일하는 당신과 예수님을
도울 수 있는 은총을 저희에게 내려 주소서.
우리 주 예수 그리스도의 이름으로 비나이다. 아멘

- -

영광의 신비 5단

예수님께서 마리아께 천상 모후의 관을 씌우심을 묵상합시다

그리고 하늘에 큰 표징이 나타났습니다. 태양을 입고 발밑에 달을 두고 머리에 열두 개 별로 된 관을 쓴 여인이 나타난 것입니다(묵시 12,1).

 예수님과 마리아, 천사들은 하늘을 향하여 점점 더 높이 올라간다. 말할 수 없는 기쁨으로 인해 마리아의 얼굴이 아름답게 빛난다. 그들이 하늘의 새 예루살렘에 도착하자 마리아의 지상 배우자인 요셉이 그녀를 반갑게 맞이해 주었고, 의로운 왕들과 족장들 그리고 첫 순교자들과 믿음의 선조들이 모두 나와 맞아 준다.

 영원하신 성부 하느님도 성령과 함께 마리아를 맞아 주신다. 예수님은 당신 어머니 마리아를 하늘의 아버지와 성령께 안내하고, 그들은 엄청난 사랑으로 서로 껴안는다. 예수님은 마리아에게 천상 모후의 관을 씌워 주신다. 마리아는 하느님의 모든 것으로 가득 찼다. 이제 마리아는 모든 것을 가졌다. 이제 마리아 안에 하느님이 계실 뿐 아니라, 하느님 안에도 마리아가 있다.

　이 모든 것은 놀라운 천상의 광채와 모습, 음성들로 이루어진 아름다움 안에서 일어난다. 이러한 아름다움은 사람들에게는 알려지지 않았지만 천사들과 의로운 영혼들에게는 완전한 기쁨을 주는 것들이다. 이제 마리아는 하느님 안에 있으므로 상상할 수 없을 정도로 풍요로운 하느님의 속성을 선물로 받는다. 마리아는 하느님을 완벽하게 드러낸 분이기 때문이다.

　우리는 이 엄청난 사건을 얼마나 자주 기억하고 있는가? 땅을 따스하게 데워 주는 태양과 그 빛을 되비추는 달을 생각해 보자. 태양은 우리에게 예수님을 상기시켜 주고 생명을 유지시켜 준다. 달은 그분의 영원한 어머니를 상기시켜 주고 하느님 빛과 사랑을 되비춘다.

　예수님이 승천하신 후, 성모님은 예수님이 이룩한 교회를 열성적으로 도우셨다. 오늘날 성모님은 전 세계 각 나라에서 드리는 모든 미사에 현존하신다. 신자들의 영혼을 치유하고 신자들을 준비시키기 위하여 미리부터 성전에 계신다. 성모님은 우리의 어머니, 중개자, 보호자시다. 성모님은 은총이 흘러넘치는 지혜의 샘

이요, 자비의 바다이시다.

 우리가 외로울 때, 고통 중에 있을 때, 지쳐 있을 때, 혹은 완전히 절망 상태에 있을 때, 성모님은 우리가 부르기도 전에 아드님인 예수님과 함께 오신다. 예수님과 성모님은 성령의 신비스러운 활동을 통하여 우리에게 위로와 위안을 주시고 우리 영혼을 가슴으로 들어 올리신다. 우리에게 큰 축복을 내려 주시면서, 영원한 사랑 안에서 우리를 껴안아 주신다.

 성모님이 그랬듯이 우리도 예수님의 교회를 위해 헌신해야 한다. 우리의 시간과 재능, 재력은 모두 하느님이 주신 것이다. 그러므로 우리가 가진 것의 10분의 1을 사랑으로 베푼다는 것은 적절하고 합당한 일이다. 예수님도 말씀하셨다. "카이사르의 것은 카이사르에게 주고, 하느님의 것은 하느님께 주어라." 우리가 할 수 있을 때 교회를 돕는 것보다 더 좋은 일이 어디 있겠는가!

 우리는 교회에 최선을 다하는가? 우리는 사제와 부제, 수도자, 성가대, 교리 교사 등 우리 교회를 그리스도의 신비체가 되도록 만들기 위해 애쓰는 사람들을 도와주고 있는가? 우리는 우리에게 주어진 복음 전파의 기회를 제대로 활용하고 있는가? 우리는 성모님의 승천과 성모님께 천상 모후의 관을 씌우심을 묵상하면서, 예수님의 어머니가 하느님의 왕좌에 다가간 유일한 인간이라는 사실을 본다. 성모님의 영혼은 이렇게 하느님과 거룩한 일치를 이룸으로

써 하느님이 감싸 주신다는 사실이 더욱 드러나기를 바라셨다.

지상 생활의 마지막 늘이 다가오면서 성모님은 성체를 영할 때마다 하느님 안에 있고 싶은 갈망이 강렬하게 타오르는 것을 느끼셨다. 영원한 고향으로, 당신의 영원한 사랑인 하늘에 계신 아버지께 점점 더 이끌리셨다.

끔찍한 죄가 넘치는 오늘날, 성모님은 더욱더 기도하라는 메시지를 보내신다. 벌주기 위해서가 아니라 죄에 떨어지지 않도록 하기 위해서다. 성부께서는 우리가 당신을 공경하고 무엇보다도 당신과 가까워져서 신뢰하기를 바라신다. 존재했던 모든 것, 존재하는 모든 것, 존재하게 될 모든 것이 성부에게서 나온다. 그분은 우리의 피난처요, 희망이요, 고향이다. "찬미 예수님, 이제와 항상 영원히." 하고 반복하면서 성모님이 하느님께 영광을 드릴 때 그분과 하나 되어 찬미를 드리자.

이제 천상 모후의 관을 쓰신 성모님을 상상해 보자. 성모님은 하느님과 예수님, 성령과 함께 계신다. 그곳에서 우리를 향해 "이리 오렴." 하고 부르시는 성모님의 음성을 들어 보자. "어서 오렴. 너를 안아 주고 싶구나." 하고 말씀하시는 어머니의 사랑을 느껴 보자. 우리는 성모님의 사랑이 절실하게 필요하다. 그렇기에 성모님의 옥좌에 다가가 기도해 달라고 청하자. 성모님의 사랑은 우리에게 흘러들어와 깊이 사랑받는 느낌을 준다. 그러니 성모님께 이 아름다운 순간에 우리의 영혼이 모든 것에 열려 있게 해 달라고 청하자. 성모님의 가슴에 기대고, 성모님의 모성에 폭 잠기자.

거룩하신 하늘의 어머니, 성모 마리아여,
당신을 저희 어머니요 저희 여왕으로 사랑하고 공경하나이다.
저희가 더욱더 거룩한 삶을 살 수 있도록
하느님에 대한 지식과 사랑이 성장할 수 있는 은총을 구해 주소서.
자애로우신 성모님,
저희를 위하여 빌어 주시어.
저희가 항상 당신 안에서 위안을 얻을 수 있도록 도와주소서.
그리고 우리가 죽을 때 우리 영혼을 위해 빌어 주소서.
우리 주 예수 그리스도의 이름으로 비나이다. 아멘.

영광의 신비에 대한 성인들의 묵상

오, 천주의 어머니시여! 당신에게 신뢰를 두면 저는 구원을 받을 것입니다. 성모님이 보호해 주신다면 저는 두려울 것이 하나도 없습니다. 성모님의 도움으로 원수들에게 싸움을 걸고, 원수들을 무찌를 것입니다. 당신에 대한 봉헌이 구원의 무기이기 때문입니다.

– 다마스쿠스의 요한 성인

왕이 보낸 모든 은총의 명령은 궁정 대문을 통과합니다. 이와 마찬가지로 하늘에서 땅으로 오는 모든 은총은 마리아의 손을 거칩니다.

– 베르나르도 성인

성모님은 의로운 사람보다 죄인들을 위해 천주의 모친의 자리에 오르셨습니다. 왜냐하면 예수 그리스도는 의인이 아니라 죄인들을 부르러 오셨기 때문입니다. – 안셀모 성인오, 거룩한 성모 마리아, 저의 어머니여! 오늘 그리고 매일 또 제가 죽는 순간에 성모님의 복된 신뢰와 특별한 보호에, 성모님 자비의 가슴에 제 영혼과 몸을 맡기나이다. 저의 모든 불안과 슬픔, 그리고 제 모든 삶과 최후의 순간을 성모님께 맡깁니다. 저의 모든 행위를 성모님과 예수님의 뜻에 의해 지시받고 통제받을 수 있게 하기 위해서입니다. 아멘. - 알로이시오 곤자가 성인

용기를 가져라, 나의 아들들아! 우리가 사명을 받아 떠나는 것이 보이지 않느냐? 그들은 거래에서 우리 몫을 지불한다. 얼마나 멋진 행운이냐? 우리가 지금 할 일은 가능한 한 많은 영혼을 얻기 위해 열심히 기도하는 것이다. 그러므로 성모 마리아에게 우리가 만족스럽다고, 그분이 원하시는 것은 무엇이든 우리와 함께하실 수 있다고 말씀드리자. - 막시밀리아노 마리아 콜베 성인

사랑하지 않는 사람은 하느님을 알지 못합니다. 하느님은 사랑이시기 때문입니다. 더 이상 무슨 말을 할 수 있겠습니까, 내 형제여! 서간을 통하여 사랑을 찬미하는 말을 발견하지 못했다 해도, 성경 전체를 통틀어 최소한 한마디도 찾지 못했다 해도, 우리는 다음과 같은 성령의 말씀을 들을 것입니다. "하느님은 사랑이시다. 그러므로 우리는 그 외에 아무것도 찾지 말아야 한다." - 아우구스티노 성인

우리가 음식에 양념을 넣으면 우리 손이 스친 곳에 양념의 향내가 납니다. 우리 기도에도 성모 마리아의 손길이 스치도록 합시다. 성모님은 우리 기도를 향기롭게 만드실 것입니다. - 요한 마리아 비안네 성인

생각을 잘하십시오.
말을 잘하십시오.
행동을 잘하십시오.
이 세 가지는 하느님 자비로 사람을 천국에 이르게 만듭니다.
- 가밀로 데 렐리스 성인

하느님은 사랑이십니다. 그리고 그분의 모든 활동은 사랑에서 나옵니다. 하느님은 당신 사랑을 나누심으로써 선을 드러내기를 원하셨으므로, 강생은 그분 선과 사랑, 영광의 지고한 표현이 됩니다. 그리스도도 모든 창조물에 앞서 그리고 당신 자신을 위하여 그렇게 의도되었습니다. 모든 것이 그분을 위하여 창조되었고, 모든 것이 그분에게 종속되어야 합니다. 그리고 하느님은 그리스도 안에서 그리고 그리스도 때문에 모든 창조물을 사랑하십니다. 그리스도는 모든 창조물의 맏물이며, 창조된 세상과 인류는 그분 안에서 기초와 의미를 발견합니다. 게다가 아담이 죄를 짓지 않았다 하더라도 이렇게 되었을 것입니다.
- 브린디시의 라우렌시오 성인

내 말을 믿으십시오. 거룩한 책을 쓰기, 지고한 시를 짓기와 같은 것 모두가 자기 부정이라는 가장 미소한 행위보다도 못합니다.
- 아기 예수의 데레사 성녀

우리는 이웃을 하느님 모상대로 창조된 존재로, 그분 사랑의 대상으로 사랑해야 합니다. - 빈첸시오 드 폴 성인

사랑은 자기를 포기하는 정도에 따라 우리를 불태웁니다.
- 아기 예수의 데레사 성녀

하느님은 행위 자체보다 그 행위의 의도가 얼마나 순수한지를 더 많이 고려하십니다. - 아우구스티노 성인

참된 사랑은 이웃의 나약함에 놀라지 않고, 이웃의 사소한 덕에 의해 영감받으면서, 이웃의 온갖 결함을 견디어 주는 것입니다.
- 아기 예수의 데레사 성녀

수덕주의와 신비주의를 절대 분리할 수 없듯이, 십자가의 성 요한에게는 빛과 어둠, 고통과 기쁨, 희생과 사랑이 너무나 밀접하게 일치되어, 그것들이 똑같은 것처럼 보일 때도 있습니다. - 토마스 머튼

기도는 우리 힘으로 하는 것이 아닙니다. 은총으로 이루어져야 할 수 있는 것입니다. - 요안나 프란치스카 드 샹탈 성녀

나를 달콤한 풍취와 함께 두지 마시오.
이런 체면은 나에게 쓸모가 없기 때문입니다.
향과 향수를 사용하지 마시오.
왜냐하면 이 명예는 나와 어울리지 않기 때문입니다.
향은 거룩한 장소에 피우시오,
나를 위해서는 기도만 해 주십시오.
당신 향을 하느님께 드리고,
나에게는 찬미가를 보내 주십시오.
향료와 풍취 대신 당신의 중재 안에서 나에게 마음을 써 주십시오.
- 에프렘 성인

영혼에 대한 갈망은 하느님이 가장 기꺼이 받으시는 제사입니다.
- 나지안주스의 그레고리오 성인

우리 주님은 위대한 행위나 심오한 사상을 원하지 않으십니다. 지성이나 재능도 원하지 않으십니다. 그분은 단순한 것을 소중히 여기십니다. - 아기 예수의 데레사 성녀

사랑하는 주님, 당신은 제 약점을 아십니다. 저는 매일 아침 겸손해지기로 결심하고, 저녁에는 교만의 죄를 자주 지었음을 인정합니다. 이러한 결함을 보면 용기를 잃습니다. 하지만 낙담 자체는 교만의 또 다른 형태입니다. 그러므로 오, 저의 하느님, 당신에게 저의 모든 신뢰를 두고 싶습니다. 주님은 모든 것을 하실 수 있으니 제 영혼 안에 제가 바라는 이 덕을 심어 주시기를 간청하나이다. - 아기 예수의 데레사 성녀

하느님은 열정적이고 존경하는 마음으로 그분에게 다가가는 사람을 찾으십니다. 왜냐하면 그분은 우리를 사랑하시고, 키우시고, 당신 자녀로 삼으시기 때문입니다. - 보나벤투라 성인

우리가 인간으로서 살아가기 위해서 공기와 빵, 우리 가슴에서 고동치는 심장이 필요하듯이, 그리스도인이 그리스도인으로 살아가는 데는 기도가 필요합니다. - 요한 에우데스 성인

기도와 영혼의 관계는 흙과 비의 관계와 같습니다. 비가 자주 내리지 않으면 그 땅은 황폐해질 것입니다. - 요한 마리아 비안네 성인

성경을 읽으면 영혼이 하느님 안에서 불타오르고 모든 악에서 정화됩니다. 이는 의심할 바 없는 사실입니다. - 예로니모 성인

아무리 대단한 보속과 고행을 하는 사람이라도 그 안에 덕이나 공덕이 없다면 완전하다고 볼 수 없습니다. 왜냐하면 합당한 이유로 실제적인 보속을 할 수 없는 사람에게, 그는 악한 사례가 될 것이기 때문입니다. 참된 신중함의 빛으로 향기를 발하는 사랑 안에만 공덕이 있습니다. 그것이 없으면 그 영혼은 아무런 가치가 없습니다.

- 시에나의 가타리나 성녀

예수 그리스도의 약속에 기반을 둔 신뢰를 가지고 기도하십시오. 하느님은 기도하는 사람의 마음으로 끊임없이 살아 흐르는 샘물이십니다. - 루도비코 마리아 그리뇽 성인

영적 독서를 하지 않는 사람은 자신의 발전을 위하여 진정으로 애쓰고 있다고 말할 수 없습니다. 영적 독서를 소홀히 하는 사람은 얼마 지나지 않아 자신이 거의 발전하지 못했음을 깨달을 것입니다.

- 아타나시오 성인

왜 당신은 할 일이 없을 때 기도나 독서를 하지 않습니까? 왜 우리 주 그리스도를 찾아가 대화를 하지 않습니까? 기도할 때 우리는 하느님께 말씀드리는 것이고, 성경을 읽을 때 그분 말씀을 듣는 것입니다.

- 암브로시오 성인

기도는 지상 사물과 쾌락이 헛되다는 것을 드러내 줍니다. 기도하는 사람은 빛과 힘, 위로로 가득 차고, 천상 가정의 고요한 축복을 미리 맛볼 수 있습니다. - 비테르보의 로사 성녀

순수한 사람은 성령의 성전입니다. - 루치아 성녀

오, 영광스러운 여왕이여, 우리에게 자비의 눈길을 던져 주소서. 우리 간청을 은혜로이 받아들이소서. 당신을 하느님 마음에 드는 존재로 만들어 준 당신의 원죄 없는 몸과 마음의 순수성을 통하여, 우리에게 순수하고 죄 없는 사랑을 불어넣어 주소서. - 파스카시오 성인

성모님을 사랑하세요. 성모님은 사랑이 깊고, 충실하고, 변함이 없으십니다. 성모님은 사랑에 있어 항상 누구보다 앞서시고 항상 최고의 자리를 지키실 것입니다. 당신이 위험 중에 있을 때 서둘러 구해 주실 것입니다. 당신이 고민하고 있을 때 위로해 주실 것입니다. 당신이 아플 때 낫게 해 주실 것입니다. 당신이 곤경에 처해 있을 때 도와주실 것입니다. 성모님은 당신이 어떤 사람이었는지 보려 하지 않으시고, 그분을 사랑하고자 하는 마음에 오실 뿐입니다. 성모님은 당신에게 얼른 다가와서 자비로운 마음을 열어 보이시고, 당신을 껴안고, 위로하고, 당신을 위해 일하실 것입니다. 성모님은 영원으로 향하는 여정

에서 당신과 함께하기 위해 즉시 달려오실 것입니다. - 가브리엘 성인

믿음은 신앙을, 희망은 기도를, 사랑은 자비를 바랍니다. 마음의 겸손은 기도를 형성하고, 신념은 기도를 드리게 하며, 인내는 하느님을 얻게 합니다. - 베드로 율리아노 예마르 성인

나는 원죄 없이 잉태된 자로다.
- 루르드에서 성녀 베르나데트에게 성모님이 하신 말씀

잔소리를 듣고 질책당하는 데 기쁨을 느끼는 것은 자신의 바뀔 부분과 꾸짖음을 들을 만한 단점과 상반되는 덕을 사랑한다는 것을 보여 줍니다. 그것은 완덕에 있어 엄청난 진보를 이루고 있다는 표시입니다. - 프란치스코 살레시오 성인

덕을 얻기 위해 열심히 노력하세요. 그렇지 않으면 그 안에서 항상 난쟁이로 머물 것입니다. 당신이 그 반대되는 악에 저항하였다는 사실이 입증되지 않았다면, 그리고 결코 피하지 말아야 할 적절한 경우에 그것을 충실하게 실행하지 않았다면, 덕을 얻었다고 믿지 마세요. 오히려 열의를 가지고 바라고, 추구하고, 껴안으세요. - 데레사 성녀

오, 마리아여. 항상 당신 자녀로 머물고 싶습니다. 제 마음을 드립니다. 제 마음을 영원히 가지소서. - 도미니코 사비오 성인

성모님이 강력한 중재를 통하여 세상을 지탱해 주시지 않으셨다면 세상은 벌써 망해 버렸을 것입니다. - 풀젠시오 성인

기도는 정결의 성채, 보루입니다. - 대 그레고리오 교황

모든 집착에서 벗어난 사람, 덕과 사랑의 행위를 할 준비가 되어 있는 사람, 모든 사람에게 친절한 사람, 어떤 일에도 초연한 사람, 위로를 받거나 혼란 중에 있거나 마음의 평온을 유지하는 사람, 하느님의 뜻만 이루어진다면 온전히 만족하는 사람을 본다는 것은 얼마나 아름다운 일입니까? - 프란치스코 살레시오 성인

깨어 기도하는 것은 정결을 지키는 수단입니다. 순수를 해치려는 유혹에서 보호받기 위하여, 그리고 그것을 극복할 은총을 받기 위하여, 자주 그리고 열심히 기도해야 합니다. - 요한 세례자 드 라 살 성인

하느님을 사랑하는 것이 하느님을 아는 것보다 위대합니다.
- 토마스 아퀴나스 성인

당신은 완전해지려면 어떻게 해야 하는지 그 방법을 물었습니다. 글쎄요, 저는 사랑밖에 모릅니다. 사랑은 모든 것을 할 수 있습니다.
— 아기 예수의 데레사 성녀

인간의 진보는 물리적인 노력이나 일 자체의 본성으로 측정하는 것이 아니라 그것을 행하는 신앙의 정신으로 측정하는 것입니다.
— 프란치스코 하비에르 성인

사랑이 참될 때 그것은 엄청난 일을 해냅니다. 우리가 진정 하느님을 사랑한다면, 우리는 하느님의 자녀인 우리 이웃을 위해 훨씬 많은 것을 행해야 하고, 그분을 더욱 많이 닮아야 할 것입니다.
— 프란치스코 살레시오 성인

성모 마리아여, 원죄 없이 잉태되신 분이시여, 당신에게 간청하는 저희의 기도를 들으소서. — 가타리나 라부레 성녀에게 계시된 기적의 메달에 관한 말씀

사랑은 우리를 하느님과 일치시킵니다. 사랑에는 비열함도, 거만함도 없습니다. 사랑은 분열을 모릅니다. 저항하지 않고, 모든 것을 조화롭게 행합니다. 사랑 안에서 하느님이 택하신 사람은 모두 완전해집니다. — 클레멘스 1세 교황